Der Neckar

Claus-Peter Hutter

Der Neckar

emons:

Neckaridylle bei Weitingen, einem Ortsteil der Gemeinde Eutingen im Gäu.

Inhalt

Die mit Natursteinmauern terrassierten Rebhänge an den Steillagen des Neckars bilden an manchen Stellen – wie hier in Mundelsheim (Landkreis Ludwigsburg) – gigantische Amphitheater der Kulturlandschaft.

Die markante Neckarschlaufe rund um Hirschhorn im hessischen Odenwald. Dieser Teil des Landkreises Bergstraße, zu dem auch das südwestlich benachbarte Neckarsteinach gehört, ist der südlichste Zipfel des Bundeslandes Hessen.

Mythos Neckar – ein spannender Fluss mit vielen Gesichtern

Geheimnisvolle Moore und Wälder, pittoreske Burgen und Schlösser, Fachwerkidylle in Dörfern und Städten, pulsierende Industriezentren und verträumte Naturoasen: Der Neckar hat viele Gesichter. Mit 367 Kilometern Länge ist er im internationalen Vergleich neben Mississippi, Wolga oder Nil zwar nur ein Zwerg unter den Flüssen. Doch für mich und viele Menschen – Anrainer wie Besucher – ist der Neckar die größte Kulturmeile der Welt.

Ob Universitäten, Museen oder Galerien: Von der Quelle im Schwenninger Moos bei Villingen-Schwenningen inmitten des Baar-Schwarzwaldes über Rottweil, Horb, Rottenburg, Tübingen, Nürtingen, Esslingen, Stuttgart, Ludwigsburg, Heilbronn und Heidelberg bis zur Mündung des Neckars in den Rhein bei Mannheim reiht sich wie an einer Perlenschnur aufgereiht eine Kulturinstitution an die andere. Dazu gehören als einmalige Kulturleistung die wie gigantische Amphitheater wirkenden Weinbergterrassen mit ihren typischen Trockenmauern. Wo in den 50er- und 60er-Jahren noch Schaumberge den Fluss bedeckten, ist wieder vielfältige Neckarnatur zurückgekehrt.

Mit dem Buch »Der Neckar« sind Sie zunächst eingeladen, dem Fluss der Schwaben, Alemannen und Kurpfalz-Franken näherzukommen. Anschließend geht es auf sieben bildgewaltige Neckarreisen. Sie führen uns zu den Spuren der Urmenschen, zeigen, wo die Römer ihr damaliges Weltreich auch am Neckar verteidigten, wo sich Eisvogel und Nachtreiher heute wieder Guten Morgen sagen, wo das Auto erfunden wurde und Firmen von Weltrang zu Hause sind. Der Neckar – schon von Mark Twain bereist – ist der Fluss der Dichter und Denker, der Tüftler und Erfinder. Im Neckarland sind Friedrich Schiller, Friedrich Hölderlin, Eduard Mörike und Georg Wilhelm Friedrich Hegel geboren. Hier wirkten Gottfried Daimler, Carl Benz, Robert Bosch und Ferdinand »Ferry« Anton Ernst Porsche.

Der Neckar, ein spannender Fluss zwischen Natur und Kultur, zwischen Ökologie und Ökonomie. Ein Fluss, an dem vielfach Kultur- und Industriegeschichte geschrieben wurde und mehr denn je geschrieben wird. Ein Fluss, entlang dessen Ufern ein Großteil des Bruttosozialproduktes Baden-Württembergs, ja Deutschlands verdient wird. Betrachten Sie aus ganz unterschiedlichen Perspektiven den Neckarfluss mit seinen Menschen, die uralte Traditionen pflegen und die der neuen, globalisierten Wirtschaftswelt viele Impulse geben. Der Neckar, ein Fluss, in dessen Einzugsgebiet mit über fünf Millionen Einwohnern die Hälfte der Bevölkerung Baden-Württembergs lebt. Lassen Sie sich verzaubern von einer Welt zwischen Wasser und Wald, Wiesen und Weinbergen, Wirtschaft und Wohlstand.

Claus-Peter Hutter

Nur noch an wenigen Stellen präsentiert sich der Neckar in seiner heute streng geschützten Urnatur: so im Quellgebiet des Schwenninger Mooses (oben) oder im Bereich des Altneckararmes (rechts) zwischen Freiberg, Ingersheim und Pleidelsheim im Landkreis Ludwigsburg.

Dem Neckar näherkommen

Vom wilden Gesellen zum gebändigten Fluss

Pfeilschnell stürzt sich ein grünblau schillernder Eisvogel von seiner Sitzwarte aus kopfüber ins Wasser. Am Neckarufer unweit der Eyach-Mündung zwischen Mühlen am Neckar und Börstingen flattern Prachtlibellen umher, weiter neckaraufwärts im Schwenninger Moos, dort wo das Ursprungsgebiet des Flusses liegt, füttert ein Zwergtaucher seine Jungen. Neckarabwärts stehen an vielen Stellen regungslos Graureiher am Ufer und lauern auf Beute, über dem Daimler-Areal in Stuttgart-Untertürkheim kreist ein Wanderfalke. Beim Experimenta-Gelände in Heilbronn zeigen Mütter ihren Kindern junge Enten, Rot- und Schwarzmilane kreisen im Neckartal vor der grünen Kulisse des Odenwaldes. An der Ilvesheimer Neckarschleife kurz vor den Toren Mannheims trocknen Kormorane ihre Flügel.

Noch vor wenigen Jahren wären solche Szenarien entlang des Neckars nicht möglich gewesen. Doch vielerorts ist lebendige Natur wieder an das Gewässer zurückgekehrt, obwohl der Fluss – den die Kelten »wilder Kerl« nannten – längst gezähmt und zum großen Teil zu einem Schifffahrtskanal ausgebaut wurde. Durch die Schleusen wurde der Neckar in weiten Teilen in eine Kette von lang gestreckten Seen verwandelt. Seen, die nur träge durchflossen werden. Zwischen neuen und alten Naturparadiesen uraltes Kulturland, prosperierende Wirtschaft und lebendige Städte und Dörfer, deren Menschen ihren Fluss zunehmend wieder neu entdecken. Das war nicht immer so.

Als ich Mitte der 1950er-Jahre in der Schillerstadt Marbach am Neckar geboren wurde und gegenüber in der uralten Neckargemeinde Benningen aufwuchs, schien es für mich unvorstellbar, dass es früher im Neckartal auf nahezu jedem Kirchturm während der Frühjahrs- und Sommermonate nistende Störche gegeben haben sollte. Als meine Mutter davon erzählte, wie sie vom Klassenzimmer der Grundschule aus die klappernden Störche auf dem Benninger Kirchturm beobachten konnte, lag diese Zeit gerade einmal rund 20 Jahre zurück. Unvorstellbar umso mehr, als ich während der Kindheit den Fluss nur als stinkende Brühe kennengelernt hatte. An den Schleusen türmten sich auf dem grauen, aufgewirbelten Wasser oft bis zu zwei Meter hohe Schaumberge, und kaum jemand kam auf die Idee, entlang des Neckars spazieren zu gehen oder Rad zu fahren.

In einer Zeit, als die Leute in den Dörfern rund um die allmählich anwachsenden Speckgürtel von Stuttgart, Heilbronn und Mannheim noch ganz selbstverständlich ihre Obstwiesen pflegten und Gemüsegärten am Haus hegten, war allerdings auch nicht die Gelegenheit für reines Nichtstun. Die Freizeitgesellschaft war noch nicht geboren. Doch befanden sich Landschaft wie Gesellschaft in einem tiefen Umbruch, ohne dass dies von den Menschen im Neckartal als ein solcher wahrgenommen wurde. Während ich selbst später beim Blick aus dem Klassenzimmer noch das verwaiste Storchennest auf dem Benninger Kirchturm sah und zeichnete, war dieses 25 Jahre später, als meine eigenen Kinder dort zur Schule gingen, längst nicht mehr da. Binnen weniger Jahre hatte das Neckartal – insbesondere im mittleren Neckarraum, wo nach dem Krieg die Bauarbeiten für die Kanalisierung des Flusses wieder aufgenommen wurden – einen grundlegenden Wandel erfahren. Einen Wandel, den die Menschen in dieser Geschwindigkeit und in dieser Ausprägung so noch nie zuvor in einer einzigen Generation erlebt hatten.

Wo Wasser ist, da ist Leben. Idyllische Neckarkulisse in Nürtingen.

Das waren noch Zeiten! Bis in die 50er-Jahre des letzten Jahrhunderts hinein haben viele Neckaranwohner das Schwimmen im Fluss gelernt. Flussfreibad in Bad Cannstatt, Aufnahme aus dem Jahr 1910.

Fluss und Landschaft im Wandel

Die Kanalisierung des Flusses sollte allerdings nur der Anfang sein. An vielen Stellen der jetzt scheinbar hochwasserfreien Tallagen wurden nun Straßen gebaut, und in den Auegebieten des Neckars Gewerbe- und Wohngebiete ausgewiesen. Überall entstanden Kiesgruben und Baggerseen, deren landschaftsökologische Ausgleichsfunktion für die verloren gegangene Auenvielfalt mit ihren Kies- und Sandbänken, Auwäldern und Feuchtwiesen erst spät erkannt wurde. Jetzt sollte sich der Neckar noch mehr zur Wirtschaftsachse und zur ökonomischen Lebensader des 1952 neu gebildeten Südweststaates entwickeln. Alle, die den Krieg in der Heimat überlebt hatten, und auch die nach langer Gefangenschaft Heimgekehrten sowie die zahlreichen Heimatvertriebenen, die hier eine neue Lebensmitte fanden, hatten andere Sorgen, als sich um die Natur vor der Haustüre zu kümmern. Die Wirtschaft einer lebenshungrigen wie arbeitswilligen Bevölkerung boomte, und mit der Wirtschaftswunderzeit zogen vielerlei neue Errungenschaften in die Haushalte ein. Bald konnten der Neckar und seine Seitengewässer die Abwasserfracht der schnell anwachsenden Bevölkerung und deren Industrien nicht mehr bewältigen. Es dauerte nur wenige Jahre, bis der einst von Hölderlin und anderen Dichtern gepriesene Fluss zum Abwasserkanal verkommen und die meisten Fischarten verschwunden waren. Zusätzlich machten der Landhunger sowie eine immer intensiver betriebene Landwirtschaft auch vor den Talräumen des Neckars nicht Halt. Und so ging nicht nur die biologische Vielfalt im Fluss selbst, sondern auch entlang seiner Aue scheinbar unwiederbringlich verloren. Nach den Störchen waren es Rohrdommel, Kiebitz, Grauammer, Flussregengreifer und zahlreiche andere Vogelarten, die als Brutvögel dem Neckartal fast gänzlich den Rücken kehrten. Aber auch darum und um den Schutz von Restlebensräumen, wie etwa den wenigen verbliebenen Baggerseen, sollten sich nur wenige Menschen kümmern.

Es scheint eine Gesetzmäßigkeit zu sein, dass – egal in welchem Bereich – der Leidensdruck des Menschen erst schmerzhaft hoch sein muss, bis Fehlentwicklungen gestoppt und gesellschaftliche Erfordernisse ernst genommen werden. Die schlechte Wasserqualität und die wilden Müllhalden mussten erst buchstäblich zum Himmel stinken, bis Maßnahmen ergriffen wurden. Rückblickend können der Bau von Kläranlagen entlang des Neckars und seiner Zuflüsse und die damit verbundene Verbesserung der Wasserqualität nur als eine Erfolgsgeschichte des ab Ende der 1960er-Jahre einsetzenden Umweltschutzes bezeichnet werden. Die vielfachen Anstrengungen von Land, Kreisen und Gemeinden und letztlich natürlich der Steuerzahler, die sich jetzt auch Umweltschutz leisten können, haben dazu geführt, dass es heute im Neckar wieder über 40 Fischarten gibt. Die hohe Anzahl darf jedoch nicht darüber hinwegtäuschen, dass die natürlichen Flusslebensräume, in denen sich Fische vermehren können, weitgehend verschwunden sind. Manche Arten werden immer wieder eingesetzt. Und die heute auf fünf Millionen Menschen angewachsene Bevölkerung im Neckareinzugsgebiet und deren Wasserbedarf in Haushalten und Industrie sorgen dafür, dass durchschnittlich die Hälfte des Neckarwassers zwar geklärt, aber eben doch schon irgendwie gebraucht ist. Kläranlagen ändern auch nichts am Eintrag etwa östrogen wirkender Stoffe, die über Medikamentenrückstände, Düngemittel und Kunststoffe in das Wasser

Zum Glück für Mensch und Natur sind die Schaumberge in den Neckarschleusen verschwunden. Noch um 1960 waren sie trauriges Symbol für die starke Verschmutzung des Flusses.

gelangen und im Naturkreislauf heute noch nicht absehbare Folgen im Ökosystem zeitigen werden.

Mit dem Bau von Kläranlagen schien das Problem der Gewässerverschmutzung am Neckar zwar gelöst, doch gab sich der gebändigte Fluss trotzdem bald wieder wild.

Hochwasser – wenn sich die Natur rächt

Schon in früheren Jahrhunderten war »der Unbezähmbare« nach starken Regenfällen immer wieder über die Ufer getreten, wovon noch heute in vielen Neckarkommunen die Hochwassermarken an öffentlichen Gebäuden zeugen. Die Menschen hatten sich darauf eingestellt und bauten vielfach ihre Keller abseits der Häuser am Fuß der Gleithänge in den Berg, um ihre Vorräte auch bei Hochwasser vor dem Verderben zu schützen. Teils wurden bei einem bedrohlichen Ansteigen des Wasserspiegels die Wein- und Mostfässer mit Holzknüppeln abgesprießt, damit sie nicht hochgeschwemmt werden konnten. Doch längst stehen in vielen dieser Kellerräume keine Most- und Weinfässer mehr; ihren Platz haben Öltanks sowie die Theken und Tischtennisplatten von Party- und Hobbyräumen eingenommen. Und weil es die Menschen in den Neckargemeinden verlernt hatten, mit dem Hochwasser umzugehen, wurden bei den großen Überschwemmungen im Mai 1978 und auch noch im Dezember 1993 die Öltanks der unter Wasser stehenden Häuser aufgetrieben, Hunderttausende Liter Öl trieben auf dem Fluss. Mit immensem Aufwand wurden in der Folge in vielen Neckargemeinden Hochwasserwälle und -mauern um Siedlungen und Gewerbegebiete errichtet, die man aus heutiger Sicht nie mehr in die Aue verpflanzen würde. Doch

Nur wer die Natur kennt und schätzt, kann Umwelt schützen.

Natur aus zweiter Hand. Viele Baggerseen – wie hier bei Wernau – entwickelten sich zu wertvollen Naturrefugien.

dies verstärkt bis heute die durch immensen Landverbrauch und Bodenversiegelung gestiegene Hochwassergefahr noch mehr. Längst predigen die Wasserwirtschaftler, dass überall dort, wo die Flüsse nicht mehr über die Ufer treten können und das Wasser zu schnell abgeleitet wird, die Hochwassergefahr an weiter flussabwärts gelegenen Stellen – man denke hier nur an Heidelberg – steigt.

Durch die neuen Wohn- und Gewerbegebiete, die Hochwassermauern und -wälle, die ausgebauten Straßen und Wege entfernten sich die Menschen mehr und mehr auch mental vom Fluss. Mit den Alten ging auch die Erinnerung an eine Zeit verloren, als es noch Gänse- und Entengärten an seichten Neckarufern gab und die Kinder dort beim gemeinsamen Spielen das Schwimmen lernten und die Natur entdeckten. Doch wer die Natur seiner Heimat nicht kennt, kann diese auch nicht schützen. Wer etwas nicht kennt, vermisst es auch nicht, wenn es aus der Landschaft verschwindet. Nicht nur im Neckartal bedeutet dies einen Verlust an Demokratiefähigkeit. Schließlich werden Menschen nur dann für die Natur kämpfen und sich für die natürlichen Lebensgrundlagen einsetzen, wenn sie auch natürliche Vielfalt kennen. Deshalb ist die Bekämpfung der Wissenserosion in Sachen Natur, Landschaft und Heimat gerade auch für den Schutz der von vielen Seiten immer mehr bedrängten Neckarlandschaft eine große Herausforderung für die gesamte Gesellschaft. Es hat sehr lange gedauert, bis der Neckar als Natur- und Erholungsraum wieder neu entdeckt wurde, und es waren sicherlich einzelne Modellprojekte und wiederum der Problemdruck fehlender Freizeitmöglichkeiten sowie ein neu erwachsendes Heimatinteresse als Gegenpol zur allmächtig scheinenden Globalisierung auf allen Gebieten, die eine Neubesinnung in Sachen Neckar bewirkten. Am Neckar Rad fahren, wandern, spazieren gehen, an seinem Ufer sitzen oder in den Biergärten die Freizeit genießen hat verstärkt seit der Jahrtausendwende eine neue Neckarkultur hervorgebracht.

Miteinander für mehr Nachhaltigkeit im Neckartal

Das Ziel vieler Akteure ist deshalb ein ausgewogenes Miteinander von Wirtschaft und Umwelt. Zur klassischen *grauen Infrastruktur* etwa für Verkehr, Industrie und Siedlungsgebiete wurde der Gegenentwurf einer *grünen Infrastruktur* als Markenzeichen für eine leistungsfähige Neckarachse entwickelt. Und es gab auch private Initiativen, um dem Neckar – dessen Wasser heute wieder sauber ist – wieder mehr Natur zurückzugeben. Eine der ersten Maßnahmen war das 1988 initiierte *Neckarparadies* schräg gegenüber dem Schillernationalmuseum bei Marbach, ein etwa 500 Meter langer, künstlich geschaffener Seitenarm des Neckars, der schon rasch von Eisvogel, Nachtigall, Nachtreiher und Co. besiedelt wurde. Solche Beispiele machten Mut, auch woanders der Neckarnatur unter die Arme zu greifen. Im Rahmen der Landesgartenschau in Villingen-Schwenningen wurde der ganz junge »Ur-Neckar« wieder ans Tageslicht geholt, bei der Landesgartenschau in Horb wurden Ufer renaturiert und in stadtnahen Bereichen zugänglich gemacht – Maßnahmen, die auch von der Landesgartenschau Plochingen im Jahr 1998 in anderer Form aufgegriffen und realisiert wurden. Vielgestaltige Aufwertungen erfolgten mit planerischem Geschick, politischer Weitsicht und administrativer Geduld und Durchsetzungskraft auch im städtisch und industriell geprägten Neckarareal in Heilbronn im Vorfeld der Bundesgar-

Die »geflügelten Edelsteine« haben wieder einen sauberen Fluss: Eisvogel (rechts) und Prachtlibelle (unten).

tenschau (BUGA) 2019. Und so sind jetzt wieder an vielen Stellen entlang des Neckars Naturerlebnisse möglich. Doch manche Bereiche warten noch auf die dringend erforderliche Renaturierung.

Chancen wahrnehmen

Das verbliebene Natur- und Kulturerbe erhalten, die wenigen Naturräume aufwerten und vernetzen und neue Naherholungsgebiete entlang der Industrieachse zu schaffen, sowie Siedlungs- und Gewerbegebiete nicht weiter ausufern zu lassen, sind hochgesteckte Ziele. Doch der Neckar birgt viele Chancen. Es liegt in unser aller Interesse, diese zu nutzen.

»Der gebildete Mensch macht die Natur zu seinem Freund.«

Friedrich Schiller

Zwischen 150 und 230 Meter tief unter der Aue, in der heute der Neckar fließt, liegen in Form von 25 Meter dicken Salzlagern die Zeugnisse uralter Erdgeschichte. Abgelagert wurde das Salz zur Zeit der Trias, als ganz Deutschland von einem riesigen, abflusslosen Salzsee bedeckt war. Im Besucher-Salzbergwerk Bad Friedrichshall-Kochendorf ist die Salzgeschichte ebenso eindrucksvoll inszeniert wie die Zeit, in der während des Zweiten Weltkriegs unschätzbare Kunstwerke bombensicher in den Salzstollen eingelagert waren.
Links der sogenannte Kuppelsaal. Er ist 25 Meter hoch. Oben die »Geologiekammer«.

Nicht immer fließt Wasser aus der neu gestalteten »Neckarquelle« im Stadtpark Schwenningen.

Eigentlich entspringt der Neckar aus einem Quellhorizont im Naturschutzgebiet Schwenninger Moos. Doch schon die württembergischen Herzöge und Könige wollten eine sichtbare Neckarquelle und definierten dafür einen heute im Stadtpark Schwenningen gelegenen Bereich.

Der im Rahmen einer Landesgartenschau neu gestaltete junge Neckar verläuft als romantischer Bach im Schwenninger Stadtpark »Möglingshöhe«.

Weite Mäander kennzeichnen den Mittel- und Unterlauf des Neckars. So wird auch die alte Römergemeinde Benningen in weitem Bogen umflossen.

Bei Touristen aus aller Welt als Fotomotiv beliebt: die Tübinger Neckarfront.

Die ehemals freie Reichsstadt Esslingen mit ihren Neckarkanälen wird mitunter auch als Klein-Venedig bezeichnet.

Schleusen – wie hier zwischen Marbach und Benningen – machen den Neckar zum schiffbaren Fluss.

Campingplatz bei Zwingenberg

Rund 220 Millionen Liter Abwasser werden allein im Hauptklärwerk Stuttgart-Mühlhausen jeden Tag gereinigt.

Dass im Neckar heute wieder über 40 Fischarten schwimmen, ist nur dem konsequenten Gewässerschutz durch den Bau von Kläranlagen und deren ständige Erweiterung zu verdanken.

Hoch hinauf:
140 Meter Länge
messen die
Schornsteine
des Kraftwerks
Heilbronn der
Energie Baden-
Württemberg.

Postkartenidylle: Die Stadt Horb hat mit dem Projekt »Neckarblühen« 2011 ihre Neckarfront neu gestaltet und den Fluss erlebbar gemacht.

Den Neckarverlauf könnte man auch als längste Partymeile der Welt bezeichnen. Vielfach sind es uralte Feste und Gebräuche – wie der traditionelle Narrensprung in Rottweil –, die zum liebevoll und lebendig gepflegten kulturellen Erbe des Neckarlandes gehören.

Gänse haben sich die Neckarwiesen bei Heidelberg als Weidefläche auserkoren.

Zeigt der gebändigte Neckar wieder seine wilde Seite, gibt es oft verheerende Hochwasser, wie 1993 in Heidelberg.

Schon früher mussten sich die Menschen auf Überschwemmungen einstellen. Dies zeigt eine Hochwassermarke am alten Rathaus in Benningen am Neckar.

Die Wernauer Baggerseen sind ein ökologisches Kleinod und Heimat vieler heute selten gewordener Tiere und Pflanzen.

Wasser im Wald, Wald im Wasser. Bei Winterhochwassern wie hier am Altneckar bei Pleidelsheim kommt wieder die natürliche Flussdynamik auf.

Watvögel wie der Flussregenpfeifer sind auf naturnahe Kies- und Sandbänke in den letzten Altarmen des Neckars angewiesen.

Im Frühjahr und im Herbst werden die noch natürlichen Abschnitte des Neckars ebenso wie die längst unter Schutz gestellten ehemaligen Baggerseen zu internationalen Drehscheiben im System des Vogelzugs der Wasser- und Watvögel.

Menschen am Neckar

Zufrieden: Bootsverleiher Klaus Schechter in Heidelberg

Roland Klotz – hier mit seiner Enkelin – kümmert sich seit Jahrzehnten um die Wasserqualität im Naturschutzgebiet Pleidelsheimer Baggerseen.

Stefan Grubmiller genießt mit seiner Tochter ein idyllisches Plätzchen am Neckarufer.

18 Meter unter der Neckarsohle. Boris Diehm, Betriebsleiter im Klärwerk Mühlhausen (rechts), und Urs Schmidt checken die Technik im Düker (Druckleitung zur Unterquerung von Flüssen, Straßen oder Tunnels).

Angler Tobias Hügler in Neckarzimmern. Einer der vielen geduldigen Fischer am Neckarufer.

Ein beliebter Sommer-Treffpunkt nicht nur für die Studenten der alten Universitätsstadt Heidelberg: die Neckarwiesen in Heidelberg.

Rentierjäger, Römer, Ritter, Romantik

Uraltes Siedlungsland – lebendige Geschichte

Sitze ich irgendwo am Neckarufer, sehe ich nicht nur Enten, Blässhühner und mit Glück einen Eisvogel, sondern unweigerlich wird Landschafts- und Kulturgeschichte vor meinem inneren Auge lebendig.

Im Geiste sehe ich die Vorfahren des Neandertalers als Jäger und Sammler durch das Gelände streifen. Sehe altsteinzeitliche Jäger auf der Jagd nach Rentieren, dem Wasserbüffel, Wildpferden und dem massigen Steppenelefanten. Ich sehe jungsteinzeitliche Siedler, wie sie ihre lang gestreckten Häuser am Gleithang errichteten, keltische Regionalfürsten, die Händler von fernen Landen treffen, oder römische Legionäre auf dem Weg von einem zum anderen Kastell am Neckar, der für einige Zeit Außengrenze des römischen Weltreichs war, vorübermarschieren. Später waren es Alemannen und Franken, die sich hier niederließen. Volksstämme kamen, mischten sich mit schon hier lebenden Menschen und formten neue Kulturen, die ihre Spuren hinterließen. Die Menschen rodeten Wälder, machten das Land nutzbar und verließen aus uns heute unbekannten Gründen die Gegend wieder. Oft dauerte es lange, bis eine neue systematische Besiedlung wieder stattfand.

Seit dem frühen Mittelalter ist das Neckarland ununterbrochen von Menschen bewohnt – wenngleich Kriegswirren und Hungersnöte oft über Jahrzehnte hinweg die Bevölkerung stark dezimierten. Findet man in Form von Burgruinen, Schlössern, Kirchen, Klöstern, Mühlen und Wehren viele Zeugnisse aus den Epochen des Mittelalters, der Renaissance, des Barock und der frühen Industrialisierung entlang des Neckars, so sind ältere Zeugnisse der Siedlungsgeschichte schwieriger aufzufinden. Doch es lohnt sich, auf Spurensuche zu gehen, um der Kultur des geschichtsträchtigen Neckartales näherzukommen.

Sicherlich war es das zumindest zwischen den großen Eiszeiten relativ ausgeglichene Klima, das schon früh Menschen an den Neckar und dessen Einzugsgebiet lockte. Hier fanden sie das Überlebensmittel Nummer eins, nämlich Wasser sowie die darin befindlichen Fische, und auch in den üppigen Auwäldern leicht erschließbare Nahrung. Dass erste Jäger und Sammler schon vor 600 000 Jahren die Gegend des Urneckar durchstreiften, zeigen der 1907 bei Mauer (Rhein-Neckar-Kreis) entdeckte Unterkiefer des Homo heidelbergensis und der 1933 bei Steinheim an der Murr (Landkreis Ludwigsburg) nur zwei Kilometer von der heutigen Mündung in den Neckar gefundene Schädel des 250 000 Jahre alten Homo steinheimensis, der entwicklungsgeschichtlich zwischen dem Homo heidelbergensis und dem Neandertaler einzuordnen ist. Auch aus späteren Zeiten sind Spuren früher Neckarbewohner – etwa in Form von Faustkeilabschlägen, die man unter anderem bei Heilbronn-Böckingen entdeckte – bekannt. Viele Funde deuten darauf hin, dass in der Altsteinzeit und später in der Jungsteinzeit Menschen am Neckar lebten. Fast alle Dörfer und Städte entlang des heutigen Baden-Württemberg-Flusses gehen auf solch steinzeitliche Siedlungsplätze zurück.

Geschichte und Geschichten vom Neckar – präsent in vielen Museen

Eine vorgeschichtliche Neckarreise kann man mitten in Stuttgart im Naturkundemuseum am Löwentor beginnen, denn dort werden sensationelle Funde aus der Frühzeit der Menschen am Neckar ebenso wie der damaligen Tierwelt sorgsam gehütet, wissenschaftlich erforscht und anschaulich präsentiert. Das bedeutendste Ausstellungsstück dort

Römische Villa Rustica (Landgut) in den Weinbergen bei Lauffen.

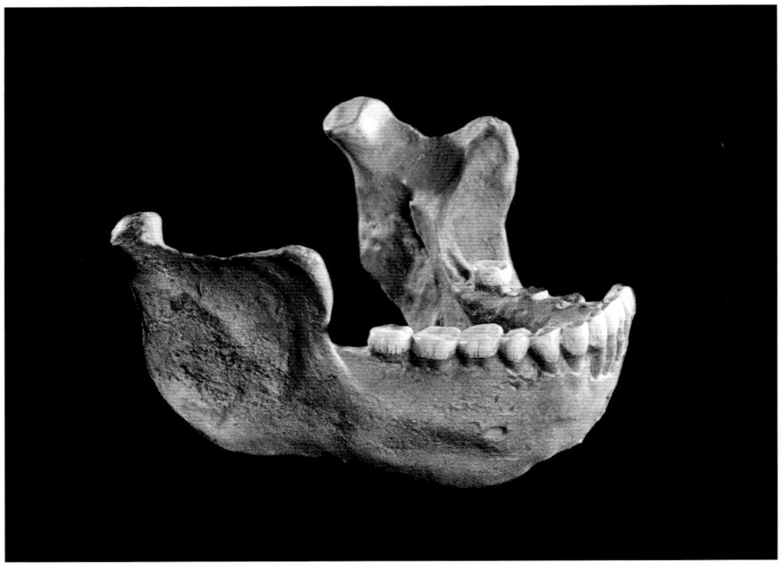

Uralter Neckarbewohner: Der 1906 in Mauer bei Heidelberg aufgefundene Unterkiefer des Homo heidelbergensis ist schon 600 0000 Jahre alt.

»Chef, da schaut ein Affe aus der Wand«, soll ein Arbeiter bei der Entdeckung des Schädelrestes eines rund 250 000 Jahre alten Urmenschen ausgerufen haben.

ist sicher der Schädel des 1933 in einer mittlerweile längst überbauten Kiesgrube in Steinheim an der Murr entdeckten Homo steinheimensis. Der Sensationsfund ist wohl der Tatsache zu verdanken, dass das begehrte Baumaterial vor dem Krieg in den Kies- und Sandgruben noch mit kleinen Maschinen oder von Hand abgebaut wurde. Schon die Fundgeschichte ist so spannend wie grotesk: Nachdem bereits zuvor in den Kiesgruben bei Steinheim Schädel, Knochen und Geweihe von Steppenelefant (Mammut), Riesenhirsch, Wasserbüffel und anderen Tieren entdeckt worden waren, die in einer Zeit vor 300 000 bis 100 000 Jahren lebten, waren Inhaber wie Arbeiter des Baustoffunternehmens Sigrist schon sensibilisiert, als sie in der Mitte einer 15 Meter hohen Kieswand zunächst ein leicht gewölbtes, ungefähr fünfmarkstückgroßes Knochenstück entdeckten. »Chef, da schaut ein Affe aus der Wand«, soll ein Arbeiter gesagt haben, nachdem der Fund weiter freigelegt wurde. Doch die herbeigeeilten Experten des heutigen Naturkundemuseums Stuttgart stellten schnell fest, dass es sich um den Schädel einer etwa 25-jährigen Frau handeln musste. Lange Zeit wurde wegen einer Deformation der hinteren Schädeldecke angenommen, dass die Frau wohl erschlagen wurde, doch zeigten spätere gerichtsmedizinische Untersuchungen, dass die Verformungen des Schädels wohl natürliche Ursachen haben und etwa durch Verlagerung bei Hochwasser entstanden.

Wer die Reise von den frühen Rentierjägern zu den ersten Siedlern im Neckartal fortsetzen will, braucht dazu nur das Landesmuseum Württemberg im Alten Schloss in Stuttgart oder eines der Häuser der Reiss-Engelhorn-Museen in Mannheim zu besuchen. Dort lassen sich originale Funde aus Alt- und Jungsteinzeit wie Faustkeile, frühe Keramiken, Speerspitzen und andere Zeugnisse der Handfertigkeit früher Bewohner des Neckartals bestaunen. Doch auch an vielen weiteren Orten der Neckarregion werden in Gemeinschaftsarbeit zwischen den Städten, Gemeinden, Heimat- und Geschichtsvereinen und historischen Arbeitsgemeinschaften mit viel Hingabe und ehrenamtlichem Einsatz lokal und regional ausgerichtete Museen unterhalten. Meist im Dialog mit dem Landesdenkmalamt und anderen Institutionen eingerichtet, beherbergen solche Museen faszinierende Originalfunde, die Zeugnis von der bewegten Siedlungsgeschichte entlang des Neckars ablegen. Oft handelt es sich um Gegenstände aus ehemaligen Abfallgruben und Brunnen oder um Grabbeigaben. Insbesondere Schwerter und andere Waffen sowie erstaunlich filigran gearbeitete Schmuckstücke und vielerlei andere Gegenstände aus dem Alltagsleben haben sich erhalten.

Ebenso beeindruckend wie die Objekte aus der Alt- und Jungsteinzeit sind die Funde der geheimnisvollen Kelten, die ab etwa 800 v. Chr. Süddeutschland besiedelten, der Römer, die ihnen nachfolgten und zwischen 15 n. Chr. und 260 n. Chr. große Teile Südwestdeutschlands zu ihrem Reich zählten, der Alemannen, die um das Jahr 500 herum Siedlungen im Neckargebiet anlegten, und der Franken, die nach dem Zusammenbruch des Römischen Reiches ab 500 n. Chr. auch in das Neckargebiet eindrangen. Durch Funde und durch bei Ausgrabungen freigelegte und präparierte Grundmauern besonders gut dokumentiert ist hierbei die Siedlungsgeschichte der Römer im Neckarland. Zeugnisse der römischen Vergangenheit finden sich außer in Rottweil und Rottenburg, das sich als älteste römische Stadt in Südwestdeutschland preist (73 n. Chr. unter Kaiser Vespasian angelegt), insbesondere in Köngen,

Im Stuttgarter Museum am Löwentor ist das vier Meter hohe Skelett des 1910 in einer Steinheimer Kiesgrube – nicht weit vom heutigen Neckarverlauf entfernt – aufgefundene Skelett des zur Mammutfamilie gehörenden Steppenelefanten zu bestaunen.

Stuttgart-Bad Cannstatt, Bad Wimpfen, Heidelberg und Ladenburg – allesamt Städte, die auf römische Siedlungen zurückgehen. Gerade in Ladenburg sind mitten in der liebevoll restaurierten Stadt römische Mauern freigelegt. Andernorts versah man Mauerreste mit einem schützenden Dach, so im Römermuseum in Walheim. Doch auch mitten in der Landschaft zeigt sich, dass die Römer zu leben wussten und sich landschaftlich reizvolle Stellen für die Anlage von Gutshöfen und Landsitzen – gerade auch für den Weinbau – aussuchten. Eine besonders große »Villa Rustica« liegt mitten in den weitläufigen Weinbergen auf der rechten Seite des Neckars vor Lauffen. Anhand von kaum von den Originalen unterscheidbaren Replikaten von Jupitergigantensäulen, anderen römischen Gedenksteinen und den Mauern so manchen Landgutes lassen sich in Dörfern und Städten und in der freien Landschaft überall entlang des Neckars römische Zeugnisse aufspüren. Es lohnt sich – etwa vor einer Tour entlang des Neckartal-Radweges – über die jeweiligen lokalen und regionalen Internetportale nach entsprechenden Plätzen zu suchen.

»Deutschland ist im Sommer der Gipfel der Schönheit ...«, so der Schriftsteller Mark Twain über seine Neckarreise.

Stolze Städte, idyllische Dörfer, trutzige Burgen und Schlösser

Und nicht nur in Städten entlang des Flusses lassen sich noch heute die Spuren der Römer im Neckarland entdecken – der Neckar diente auch als markante Grenzlinie. Zur Absicherung des römischen Territoriums wurde zunächst der Neckar-Odenwald-Limes angelegt. Der Odenwald-Limes – mit Türmen, Wällen und Gräben gesichert – begann im heutigen Landkreis Mildenberg, durchquerte die heutigen Landkreise Oden-

Überall entlang des Neckars wurde Keramik aus der Jungsteinzeit aufgefunden.

An vielen Orten kann man sich auf Spurensuche aus der Römerzeit machen.

»Ich habe hier Stunden erlebt, wie ich sie unter dem schönsten Himmel meines Lebens gefunden, besonders die Wasserfahrt, das Studentenvivat, und gestrige Gesänge ...«

Jean Paul über Heidelberg

waldkreis und Neckar-Odenwaldkreis und führte bis Heilbronn. Dort wo die Mündungsbereiche von Jagst und Kocher liegen, ging der befestigte Limes beim Kastell Bad Wimpfen in den Neckar-Limes über. Entlang des Neckars wurde die Grenze ebenfalls mit Kastellen gesichert, die über Köngen hinweg bis nach Rottenburg reichten. Erst später – um das Jahr 150 n. Chr. – verlegten die Römer ihre Reichsgrenze weg vom Neckar rund 50 Kilometer nach Osten, wobei sie den Schwäbisch-Fränkischen Wald durchquerten.

Weniger Spürsinn ist erforderlich, um die Zeugnisse späterer Siedlungsgeschichte aufzusuchen. Das sind die oft romantisch anmutenden Stadtkerne mit mächtigen Fachwerkhäusern aus der Zeit des Mittelalters, der Renaissance und des Barock und natürlich die vielen Burgruinen, Burgen und Schlösser entlang des Neckars. Eigentlich müsste man das Neckarland in Burgenland umtaufen. Ob Burgruine oder noch gut erhaltene Burg – sie zeigen an, dass das Neckartal einst ein wichtiger Handelsweg war. Rund 50 Burgruinen und Burgen reihen sich entlang des Neckars auf – dabei sind manche geheimnisvoll von Wald umgeben, wie die Neckarburg bei Villingendorf im Landkreis Rottweil, oder sie thronen wie vor 1000 Jahren noch immer als massige Festung hoch über dem Neckar, wie die Stauferburg Guttenberg links des Flusses bei Haßmersheim. Besondere Monumente aus der Zeit der Ritter und Burgfräulein sind unter anderem die Burg Hornberg bei Neckarzimmern, die einst vom Raubritter Götz von Berlichingen bewohnt wurde, und die vier ganz nahe beieinander liegenden Burgen von Neckarsteinach. Über so mancher mittelalterlicher Burg kreisen heute wieder Adler und Falken und so manche Burgfalknerei vermittelt damit ein wenig vom mittelalterlichen Alltagsleben, wenn die Burgen nicht belagert, wenn nicht um begehrte Durchgangs- und Landrechte gekämpft wurde.

Keine Burg, aber ebenfalls ein sorgfältig restauriertes Relikt aus dem Mittelalter ist die Kaiserpfalz von Bad Wimpfen mit dem benachbarten und weithin berühmten Blauen Turm. Nicht weit davon entfernt im Talgrund liegt das heute von den Maltesern wieder genutzte Kloster Bad Wimpfen. Die Stiftskirche St. Peter vereinigt romanische und hochgotische Bauelemente. Sind durch die Reformation in den früher überwiegend evangelischen Landesteilen nur wenig Klosterbauten entlang des Neckars original erhalten geblieben, beherbergen Städte und Dörfer entlang des Flusses viele prachtvolle Kirchen, die teilweise – trotz der Bilder- und Figurenzerstörungen während der Reformation oder der Wirren des Zweiten Weltkrieges – erhalten blieben und heute zum wertvollen Kulturerbe des Landes gehören. Besonders herausragend sind die Rottweiler Kapellenkirche mit ihrem 70 Meter hohen gotischen Turm sowie die dortige Heilig-Kreuz-Kirche, der Dom St. Martin in Rottenburg am Neckar, die Stiftskirche St. Georg in Tübingen, die Laurentiuskirche in Nürtingen, die doppeltürmige Stadtkirche St. Dionys in Esslingen, die im Zweiten Weltkrieg fast völlig zerstörte und seither in mehreren Phasen restaurierte Stiftskirche in Stuttgart und die Alexanderkirche in Marbach am Neckar. Eine Besonderheit stellt die ebenfalls im Krieg bei Luftangriffen in großen Teilen zerstörte Kilianskirche in Heilbronn dar, die zu den frühesten bedeutenden Renaissance-Bauwerken nördlich der Alpen zählt. Es ist dem Einsatz besonnener Menschen zu verdanken, dass der prächtige Altar von Hans Seyfer – eine meisterliche spätgotische Schnitzarbeit aus dem Jahr 1498 – zum Schutz rechtzeitig in die

Geschichte, Baukunst und Romantik pur. Blick von der Neckarhalde auf Esslingen mit der Frauenkirche und der St.-Dionys-Kirche.

Stollen des Salzbergwerks Kochendorf gebracht wurde. Ebenso imposant: die mächtige Heilig-Geist-Kirche in Heidelberg.

Aus mancher Burg wurde später ein Schloss. Andernorts entstanden insbesondere im Zeitalter des Barock neue Schlösser. Während das Schloss Hohentübingen, das heute neben vielen anderen Funden mit verschiedenen Figuren aus der Eiszeit die ältesten Kunstwerke der Menschheit beherbergt, noch den spätmittelalterlichen Charakter bewahrt hat, so zeigen die Barockschlösser von Stuttgart, Ludwigsburg und Mannheim heute noch höfischen Glanz. Rund 30 Schlösser gibt es entlang des Neckars zu bestaunen. Doch DAS Schloss schlechthin ist für die vielen Besucher aus aller Welt sicherlich das Schloss Heidelberg. Im 16. und 17. Jahrhundert eines der prächtigsten Schlösser Europas, wurde es jedoch während des Pfälzischen Erbfolgekrieges durch die Truppen des französischen Sonnenkönigs Ludwig XIV. in den Jahren 1689 und 1693 zerstört. Auch wenn die Anlage nur teilweise Restaurierungen unterzogen wurde, ist die Schlossruine aus dem markanten Sandstein des Kleinen Odenwaldes – 80 Meter hoch über dem Neckar thronend – eines der bedeutendsten Baukunstwerke der Renaissance. Im Einzelnen international nicht so bekannt, aber aus der Neckarlandschaft nicht wegzudenken sind die vielen noch erhaltenen Dorf- und Stadtkerne mit romantischen Fachwerkhäusern.

Schon früh war das Heidelberger Schloss mit seiner romantischen Atmosphäre Ziel von Reisenden.
Lithografie aus dem Jahr 1844.

Neckarszene aus dem frühen 19. Jahrhundert mit dem Württemberg und dem einstigen Stammschloss der Württemberger. Es wurde auf Geheiß von König Wilhelm I. abgerissen, um Platz für die heutige Grabkapelle zu schaffen.

Einer der vielen Weihesteine in der Grünanlage »Stadtgraben« beim »Parkhaus-Museum«, dem Römischen Stadtmuseum in Rottenburg. Vor 2000 Jahren hieß die Stadt *Sumelocenna*.

Kolossal! Jupitergiganten-Säule in Ladenburg am Neckar.

Die Jupitergiganten-Säule – hier in Rottenburg – bildete bei den römischen Siedlungen und Gutshöfen entlang des Neckars während des 2. und 3. Jahrhunderts n. Chr. oftmals den Kultischen Mittelpunkt.

Im Römischen Stadtmuseum Sumelocenna. So wie hier in Rottenburg finden sich entlang des Neckars an vielen Stellen große und kleine Museen mit Funden aus der Römerzeit; aber auch Zeugnissen aus der Zeit der Kelten, Alemannen und Franken.

Romantisch zeigt sich die alte Neckarschlaufe bei Villingendorf im Kreis Rottweil mit Wacholderheiden, Hangwäldern, Hecken und Blumenwiesen. Heute im Wald versteckt liegt die Ruine Neckarburg (rechts von der Bildmitte).

An vielen Abschnitten ist das Neckarland auch Burgenland. Das Wasserschloss Glatt in einem Ortsteil von Sulz am Neckar wurde im 15. Jahrhundert erbaut. Es gehört heute zu den wenigen Wasserschlössern, die noch von einem Wassergraben umgeben sind.

Der »Dicke Turm« in Esslingen wurde einst als Teil der ehemaligen Stadtbefestigung hoch über der Esslinger Altstadt erbaut.

Eingang zu dem von König Wilhelm I. von Württemberg für seine Frau – die russische Zarentochter Katharina Pawlowna – errichteten Mausoleum auf dem Württemberg.

Weit reicht der Blick vom Württemberg in das Neckartal. Die dortige – vom Hofbaumeister Giovanni Salucci erbaute – Königskapelle ist ein beliebtes Ausflugsziel.

Das Schloss Ludwigsburg gehört zu den größten im Original erhaltenen Barock-Bauwerken in Europa.
Errichtet wurde es ab 1704 weit oberhalb des Neckars inmitten der Jagdreviere von Herzog Eberhard Ludwig.

In Erinnerung an die höfischen Veranstaltungen der Württemberger Herzöge und Könige findet in Ludwigsburg alle zwei Jahre die »Venezianische Messe« statt, ein rauschendes Festival voller Farbenpracht und Lebensfreude.

Trutzig liegt sie über dem Neckar: Die zur Zeit des Stauferkaisers Friedrich I. Barbarossa zur Mitte des 12. Jahrhunderts erbaute Kaiserpfalz in Bad Wimpfen ist mit einer Länge von über 200 Metern und einer Breite von 88 Metern die größte staufische Pfalzanlage in Deutschland.

Malerisches Mittelalter: Die Stadtkulisse von Bad Wimpfen thront über dem Neckartal.

**»Auf eines Berges Gipfel,
da möchte ich mit Dir stehn,
auf Täler, Waldeswipfel
mit Dir hernieder sehn;
da möchte ich rings Dir zeigen
die Welt im Frühlingsschein
und sprechen: wär's mein Eigen,
so wär es mein und Dein.«**

Ludwig Uhland

Wein und Wasser prägen zusammen mit Schloss Horneck die Landschaft an der Neckarschlaufe bei Gundelsheim.

Die Geschichte der Burg Lauffen reicht bis in das 11. Jahrhundert zurück. Seit 1818 dient der markante Gebäudekomplex als Rathaus.

Wehrhaft! Die Burg Hornberg bei Neckarzimmern. Hier lebte zwischen 1517 und 1562 der legendäre Götz von Berlichingen.

Romantik zwischen Wald und Wasser: die Burg Zwingenberg im Neckar-Odenwald-Kreis.

Neben der so genannten Mittelburg beherbergt Neckarsteinach noch drei weitere Burgen. Die hessische Kommune wird deshalb auch Vier-Burgen-Stadt genannt.

»In Deinen Tälern wacht mein Herz mir auf
Zum Leben, Deine Wellen umspielten mich,
Und all der holden Hügel, die Dich
Wanderer! kennen, ist keiner fremd mir.«

Friedrich Hölderlin aus »Der Neckar«

Wohl millionenfach fotografiert und immer wieder aufs Neue faszinierend: der Innenhof des Heidelberger Schlosses.

Wie mag es einst in den Burgarealen entlang des Neckars zugegangen sein?
Mit den Maximilian-Ritterspielen in Horb wird jedes Jahr im Sommer ein Teil des Mittelalters wieder lebendig.

Faszination Mittelalter – in Horb und bei mancher Neckarburg entlang des Flusses immer wieder erlebbar!

Das Schloss Mannheim, erbaut zwischen 1720 und 1760 und im Zweiten Weltkrieg nahezu völlig zerstört, beherbergt heute einen Teil der Universität Mannheim.

Mehr Romantik geht nicht! Das festlich illuminierte Heidelberger Schloss bei Nacht.

**»Altheidelberg Du Feine
Du Stadt an Ehren reich
Am Neckar und am Rheine
Keine andre kommt Dir gleich«**

Victor von Scheffel

Fast auf jeder Burg wurden einst Wanderfalken als Jagdfalken gehalten.
Heute sind die Vögel streng geschützt und an manchen Neckarfelsen wieder zurückgekehrt.

Die Greifenwarte auf Burg Guttenberg hoch über dem Neckar bei Haßmersheim gibt mit Flugvorführungen einen Eindruck von der mittelalterlichen Falknerei.

Menschen am Neckar

Jürgen Meyer, hauptberuflich Manager in der IT-Branche, ist Hobbyfalkner und engagiert sich auch im Angel- und Naturschutzverein Weitingen e.V.

Wo Romantik Alltag ist: Bis 100-mal am Tag transportiert Achim Landwehr als Fährmann Autos und Fahrgäste über den Fluss.

Hat den besten Überblick über den Neckar: Türmerin Blanca Knodel wohnt in 32 Meter Höhe im Blauen Turm von Bad Wimpfen.

Hoch über Starzach thront die Weitenburg von Max-Richard Freiherr von Rassler. Der Burgherr ist Hotelier, Eigner eines Gastronomiebetriebes und einer renommierten Golfanlage.

Renate und Gert Berner auf dem Motorboot bei Neckargerach unterwegs

Legendär – die Wurmlinger Kapelle, eigentlich Sankt-Remigius-Kapelle, zwischen Rottenburg und Tübingen inspirierte auch die romantischen Dichter Ludwig Uhland und Nikolaus Lenau.

Nachtigall, Nachtreiher und andere Neckarnatur

Wilde Welten der Kulturlandschaft

Noch ist der Tag jung. Wie von Geisterhand gesteuert, lösen sich die zarten Nebelschwaden, die das Moor wie seit Jahrtausenden in eine mystische Welt verzaubert hatten, Minute um Minute mehr auf. Zunächst gibt sie sich ganz still, die Welt zwischen Moorbirken, Erlenwäldchen und Röhrichtflächen. Dann sind die Rufe eines Teichhuhns zu hören; später kommt das eigentümliche Trillern eines Zwergtauchers dazu. Nun wagen sich auch verschiedene Enten aus dem Dickicht aus Rohrkolben, Seggen, Binsen und Simsen auf die offene Wasserfläche des Moorweihers hinaus. Jetzt bricht auch noch die Sonne durch ein Wolkenfenster und zaubert wundervolle Spiegelbilder auf das Gewässer.

Wieder einmal bin ich im Schwenninger Moos unterwegs, einer nur rund drei Quadratkilometer großen Moor- und Sumpflandschaft, die jedoch eine sehr große Bedeutung hat. Gilt doch das Schwenninger Moos mit seinen verschiedenen Quelltümpeln als Ursprung des Neckars. Und wie viel Neckarwasser mag von hier aus den Fluss heruntergekommen sein, sich mit den Wässern kleiner Rinnsale und anderen, größeren Zuflüssen wie Eyach, Fils, Rems, Murr, Kocher und Jagst auf der rechten Neckarseite oder Enz und Elsenz auf der linken Neckarseite vereinigt haben, um bei Mannheim in den Rhein zu fließen und ein Teil dieses europäischen Stroms zu werden? Über 350 Zuflüsse und Verbindungen zu angrenzenden Gewässern zählt der Neckar. Sie alle haben wiederum Zuflüsse, die sich weit ins Land hinein verästeln. Und so entwässert der Fluss eine Fläche von 13 958 Quadratkilometer. Das ist mit 38 Prozent mehr als ein Drittel der Gesamtfläche Baden-Württembergs.

Wo genau der Neckar eigentlich entspringt, ist unbekannt. Es gibt auch nicht »die« Neckarquelle schlechthin. Vielmehr liegt sein Quellgebiet im als Hochmoorkomplex streng geschützten Schwenninger Moos, das noch eine weitere Besonderheit aufweist: Denn hier verläuft die Europäische Wasserscheide mitten durch das Regenmoor, das zum Landschaftsraum der Baar bei Villingen-Schwenningen gehört. Es hängt nur von wenigen Metern ab, ob Regenwasser, das später wieder aus den Quelltümpeln des Regenmoores tritt, über den Neckar und den Rhein Richtung Nordsee oder über die Donau in Richtung Schwarzes Meer fließt. Im Moor liegen nämlich auch das Quellgebiet der stillen Musel, welche bei Donaueschingen in die dort noch junge Donau entwässert, und eben in der Ausprägung einer Kalkmergelquelle der Ursprung des Neckars. Es scheint einst sehr wichtig gewesen zu sein, die Quelle des Neckars, der zu 98 Prozent auf dem Gebiet des heutigen Landes Baden-Württemberg liegt, auf eigener Staatsfläche zu wissen. Da eine genaue Quelle nicht auszumachen war, bestimmte Herzog Ludwig im Jahr 1581 eine Quelle mit trinkbarem Wasser im Gebiet des heutigen Schwenninger Neckarparks ganz einfach mit einem Inschriftenstein und den Worten »Das ist des Neccers Quelle« zum Neckarursprung. Diese quasi per Dekret ausgewiesene Neckarquelle wurde 1733 unter der Regentschaft Herzog Eberhard Ludwigs mit einem erweiterten Quellbecken noch erneuert und erweitert. Die Bedeutung der Quelle wurde auch später durch hoheitlichen Besuch unterstrichen. So kam 1822 der württembergische König Wilhelm I. nach Schwenningen, um aus der Neckarquelle zu trinken. Im Vorfeld der Landesgartenschau Villingen-Schwenningen (2010) wurde das gefasste Quellbecken modern umgestaltet. Es befindet sich unweit des jungen Neckars, der ebenfalls

Putziger Geselle! Nur der konsequente Schutz von Feuchtgebieten wie Baggerseen und Altarmen macht es möglich, dass sich wieder Nachtreiher im Neckartal angesiedelt haben.

Unter den heimischen Amphibien ist der Seefrosch schon wegen seiner Größe ungekrönter Froschkönig.

»Ros' und Lilie morgenthaulich Blüht im Garten meiner Nähe; Hinten an, bebuscht und traulich, steigt der Felsen in die Höhe ...«

Johann Wolfgang von Goethe zu einem Aufenthalt am Neckar

erst im Rahmen dieser Gartenschau aus dem Dunkeln geholt, von der Verdolung befreit und in ein neues, naturnah gestaltetes Bachbett – denn mehr als ein Bach ist der Neckar an dieser Stelle noch nicht – geleitet wurde. Auch das Schwenninger Moos wurde ökologisch wieder aufgewertet.

Rettung eines Kleinods

Fast wäre es für diese einzigartige Landschaft zu spät gewesen. Denn bis in die 50er-Jahre des 20. Jahrhunderts wurde dort Torf abgebaut und das Moor trocknete immer mehr aus. Durch Aufstaumaßnahmen und allmähliche Wiedervernässung konnte der Lebensraum von Wollgras, fleischfressendem Sonnentau und selten gewordenen Libellen, Schmetterlingen und anderen Tieren gerettet werden. Wie auch in anderen Bereichen entlang des sich 367 Kilometer durch Baden-Württemberg schlängelnden Flusses war dies eine späte Wiedergutmachung für den Neckar, der sich vor allem seit Beginn des 20. Jahrhunderts in vielerlei Hinsicht im Würgegriff befand. Es sollte bis zum Ende des 20. Jahrhunderts dauern, bis Bürger und Behörden, Politiker und Parteien, Wirtschaft und Wissenschaft wiederentdeckten, was die Romantiker noch rund 200 Jahre zuvor gepriesen haben. Nämlich dass der Neckar ein Fluss voller Inspiration ist, ein Fluss mit vielfacher Verbindung von faszinierender Natur und lange zurückreichender Kultur.

Auch in geologischer Hinsicht ist der Neckar ein Fluss, der nicht trennt, sondern verbindet. Er durchfließt, quasi als natürliche Landesachse Baden-Württembergs, das Südwestdeutsche Schichtstufenland und hat sich über weite Entfernungen tief in die Gesteinsschichten des Muschelkalks eingegraben. Lediglich auf der Strecke zwischen Rottenburg und Stuttgart-Bad Cannstatt sowie im Heilbronner Becken befindet sich das Neckartal in den jüngeren Gesteinsschichten der Keuperformationen. Im Norden durchquert der Neckar den durch Buntsandstein geprägten Odenwald und berührt eine Granitzone des so genannten kristallinen Sockels von Heidelberg, um die durch Schotterablagerungen geprägte Ebene des Oberrheingrabens ein Stück weit in Form eines Kanals zu durchfließen. Der Neckar, das ist der verbindende Fluss unterschiedlicher Landschaften: Der Schwarzwald, das Albvorland, die Gäulandschaften des mittleren Neckars, der Odenwald und die weiten Talebenen des Rheingrabens werden von ihm durchflossen. Letztlich berührt der Neckar zwischen dem Quellgebiet bei Villingen-Schwenningen bis zur Mündung bei Mannheim acht Naturräume.

Flusslandschaft mit vielen Gesichtern

Wegen des starken Gefälles vom 706 Meter hoch gelegenen Quellgebiet zur 85 Meter über dem Meeresspiegel liegenden Mündung – das sind nur 165 Kilometer Luftlinie – wandelt sich der Neckar auf seinem Weg vom Fluss des Berglandes zu einem Tieflandfluss. Dabei hat er sich im Lauf einer über zwei Millionen Jahre andauernden Erosionsgeschichte immer tiefer in die Landschaft gegraben, hat weiter Mäander aus der Landschaft gefräst, dann wieder mit Kies und Sand mächtige Sedimentschichten aufgeschüttet, seinen Lauf verändert und so die Landschaft gestaltet. Deshalb gibt es rechts und links des Neckars aus Urzeiten charakteristische Neckarschlaufen, aus denen der Fluss längst verschwunden ist. Dazu gehören das Umlauftal bei der Burgruine Neckarburg un-

Saurier im Kleinformat: Mauereidechsen besiedeln die Trockenmauern der sonnig gelegenen Rebhänge.

weit von Villingendorf, die ehemalige Neckarschlaufe bei Kirchheim am Neckar und die Lauffener Neckarschlinge südlich von Heilbronn. Dort hat der Neckar durch Abscherung des alten Mäanders und tiefere Eingrabung wohl erst vor etwa 6000 Jahren seinen Lauf geändert. Da weite Teile des Neckartals und des Neckar-Einzugsgebiets dicht besiedelt sind – hier leben rund die Hälfte der Einwohner Baden-Württembergs –, ist der Druck auf die Landschaft groß, sind die Nutzungsansprüche gewaltig. Deshalb sind fast alle noch siedlungsfreien Bereiche entlang des Neckars nach unterschiedlichen Kategorien geschützt. Ob Naturparks, Naturschutzgebiete, Landschaftsschutzgebiete, Überschwemmungsgebiete oder Hochwasserschutzgebiete: Sie alle sollen zusammen mit den Fauna-Flora-Habitatgebieten der Europäischen Union dazu beitragen, das Ökosystem Neckar mit seiner Bedeutung als Lebensraum und Naherholungsgebiet zu bewahren.

Wilde Neckarwelt und Natur aus zweiter Hand

Neben Gebieten mit naturnahen Flussstrecken wie bei Sulz am Neckar, bei Freiberg am Neckar, bei Horkheim sowie bei Ladenburg und Ilvesheim, dschungelartigen Prallhängen wie zwischen Ingersheim und Besigheim, Erosions-Steilhängen bei Neckarzimmern oder bei Neckargerach die Fels- und Wald-Naturschutzgebiete Kranichsberg, Zwerrenberg und Felsenberg zwischen Mosbach und Heidelberg spielen die Baggerseen – quasi als Natur aus zweiter Hand – eine bedeutende Rolle. Viele entstanden während der Neckarkanalisation und dienten der Sand- und Kiesgewinnung als Rohstoff für den Bau von Neckarschleusen, Laufwasserkraftwerken, Brücken und später als Baustoff der sich

Der Neckardurchbruch bei Eberbach vor der Neckarregulierung im Jahr 1935.

**»Der Neckar rauscht aus grünen Hallen
Und giebt am Fels ein freudig Schallen,
die Stadt streckt sich den Fluss hinunter
mit viel Geräusch
und lärmt ganz munter ...«**

Clemens Brentano

weit in die Landschaft hineinfressenden Gewerbe- und Wohngebiete. Mit der Neckarkanalisierung verschwanden die letzten Störche aus dem mittleren Neckartal, und mit zunehmender Schadstoffbelastung – als Fischsterben allgegenwärtig waren und Schaumberge den Neckar krönten – waren die Baggerseen als ungeplante ökologische Ausgleichsflächen letzte Rückzugsräume für viele Tier- und Pflanzenarten. 1970 war der Tiefstand erreicht und es gab entlang des Neckars nur noch auf wenige Brutpaare geschrumpfte Graureiherkolonien bei Hessigheim (Kreis Ludwigsburg) und Zwingenberg (Neckar-Odenwald-Kreis). Während anfangs viele Kies- und Sandgruben als Landschaftswunden betrachtet und mit dem Bauboom einhergehend aufgeschüttet wurden, begann ab Mitte der 1970er-Jahre des letzten Jahrhunderts ein Kampf um diese letzten Zufluchtsgebiete. Einige konnten gerettet werden, als nach dem Bau von Kläranlagen und Rückhaltebecken das Neckarwasser wieder sauberer wurde. Ehemalige Baggerseen wie bei Rottenburg, Unterensingen, Wernau, Stuttgart-Hofen, Pleidelsheim und Kirchheim am Neckar sind heute Brutheimat und Lebensraum von Haubentaucher, Schwarzmilan, Stockente, Eisvogel und Nachtigall, von Graureiher und Nachtreiher, von Seefrosch, Wasserfrosch und Ringelnatter. Und sie sind ökologische Drehscheiben im internationalen Gefüge der Zugvögelrastplätze. So für verschiedene Reiherarten, Tafel-, Krick-, Schnatter- und Löffelenten sowie verschiedene Gänsearten und Seeadler. Auch die ersten Biber sind an einigen Stellen des Neckars wieder unterwegs. Noch um 1980 wäre dies unvorstellbar gewesen.

Doch zum Ökosystem des Neckars gehören nicht nur Feuchtlebensräume, sondern auch Abschnitte mit Obstwiesen, Trockenrasen und markanten Felsbändern, an denen sich wieder Uhu und Wanderfalke sowie Kolkrabe angesiedelt haben. Und dann sind da noch die einmaligen Terrassenweinberge, die entlang des mittleren Neckars die Landschaft prägen. Neben dem Schutz von Natur- und Kulturlandschaft ist die Wiederanlage neuer Lebens- und Erlebensräume seit 1995 eine wichtige Errungenschaft eines neuen Neckarbewusstseins. So wurden überall zwischen Villingen-Schwenningen und Rottweil, Rottenburg und Horb, Nürtingen und Esslingen, Stuttgart, Ludwigsburg, Heilbronn, Heidelberg und Mannheim an vielen Stellen die Einmündungsbereiche an Flüssen und Bächen renaturiert, Uferbereiche naturnah gestaltet, Seitengewässer als Kinderstube für die Neckarfische angelegt und sogar die lange Zeit fast als ausgestorben geltende Neckarschwarzpappel wieder angesiedelt. Dies alles trägt dazu bei, dass entlang der zahlreichen Wander- und Radwege wieder faszinierende Natur erlebbar ist.

Esslingen am Neckar in einer Stadtansicht von 1823. Die so genannte Pliensaubrücke, unter der heute teilweise die Bundesstraße 10 verläuft, stammt aus dem 13. Jahrhundert.

»Am Neckar stand ein Kloster
Dort lebte einst ein Abt
Nicht bloß am Paternoster
Hat er sein Herz erlabt
Der trug ein groß Gefallen
Am edlen Neckar Wein
Er dünkte ihn vor allen
das köstlichste zu sein«

Johann Nepomuk Vogl

Der Neckar schreibt weite Schlaufen ins Land: Neckarschleife bei Gundelsheim-Böttingen mit Blick in Richtung Haßmersheim.

Entlang des Neckars gibt es nur noch wenige ungestörte Naturrefugien. Eine wichtige ökologische Ausgleichsfunktion haben deshalb nach der Neckarkanalisierung die heute streng geschützten Baggerseen übernommen. Dazu gehört das Naturschutzgebiet Pleidelsheimer Wiesental (rechts). Die Naturrefugien sind wichtige Rast- und Brutplätze seltener Arten wie etwa des Silberreihers (links).

Im Lauf der Jahrtausende hat sich der Neckar tief in den Muschelkalk hineingegraben. An vielen Stellen sind heute Weinberge und Felsbänder eng miteinander verzahnt.

In den 70er-Jahren des 20. Jahrhunderts fast ausgestorben, sind die Wanderfalken als Brutvögel wieder im Neckartal heimisch.

Der Neckar ist eine wichtige Transportstraße für Massengüter wie Altmetall, Sand, Kies und andere Baustoffe.
Deshalb befinden sich an verschiedenen Stellen – wie hier bei Ludwigsburg-Neckarweihingen – Umschlagplätze.

Farbtupfer am Fluss: In mancher vom Wellenschlag der Schiffe geschützter Neckarbucht gedeihen die gelben Teichrosen.

Flaggschiff in Sachen Renaturierung: die rund 17 Hektar große Seen- und Sumpflandschaft Zugwiesen mit einem Umgehungsgerinne für die Neckarfische bei der Schleuse Ludwigsburg-Poppenweiler im Landkreis Ludwigsburg.

Winterwolle an der Liane: Die Fruchtstände der Waldreben sind in der kalten Jahreszeit in vielen Bereichen der Hang- und Auwälder entlang des Neckars zu sehen.

Moorwolle: Fruchtstand des Wollgrases im Schwenninger Moos. Einst zwirbelten die Menschen aus den dünnen Wollgrashärchen Kerzendochte.

Ladys in Pink: Lichtnelken am Rand einer feuchten Wiese am oberen Neckar.

Der Hochmoorgelbling findet im Schwenninger Moos noch einen Lebensraum.

Der Garten-
rotschwanz ist
ein typischer
Bewohner
der Ostwiesen
im Neckartal.

Besondere Lautsprecher: Wasserfrösche benützen ihre Schallblasen vor allem im Frühjahr, um Weibchen anzulocken und Reviere abzugrenzen.

Ob in Wernau, Pleidelsheim, Besigheim oder Kirchheim – überall sind ehemalige Baggerseen heute wertvolle »Natur aus zweiter Hand«.

An verschiedenen
Zuflüssen des
oberen Neckars
sowie des Oden-
waldes ist die
Wasseramsel
zu Hause.

Menschen am Neckar

Michael und Klaudia Pannier aus Dessau sind begeistert vom Neckartal-Radweg.

Eva Grubmiller zeigt Kindern bei Neckar Junior Ranger Camps, was am Fluss alles krabbelt, kreucht und fleucht.

Prof. Dr. Claus König, ehemaliger Direktor des Staatlichen Museums für Naturkunde in Stuttgart, dokumentiert seit Jahrzehnten auch die Neckarnatur.

Der studierte Landschaftsökologe und Kabarettist Christoph Sonntag holt Menschen mit ins Boot, wenn es um die Naturbewahrung und um die Wasserqualität am Neckar geht.

Neckartal-Ranger Harald Dold bringt am oberen Neckar Naturschutz, Fischerei und Umweltbildung zusammen.

Schwimmender Edelstein mancher ehemaliger Baggerseen: der Haubentaucher.

Rapunzel, Riesling, Rebterrassen

Natur und Kultur geben sich die Hand

Es ist frischkalt an diesem Morgen. Darüber kann auch die Vorfrühlingssonne nicht hinwegtäuschen, die jetzt die uralten Weinbergmauern mit sanftem, vom Tag noch ungetrübtem Licht zum Leuchten bringt. Mitten in den Weinbergen hoch über der Neckarschlaufe bei Mundelsheim treffe ich Theo Harsch. Auch er ist wie ich noch dick eingepackt. Schließlich arbeitet er fast das ganze Jahr über draußen in der Natur. Der steile, 100 Meter über der imposanten Neckarschlaufe aufragende Weinberghang ist sein Arbeitsplatz. Seit Kindertagen weiß Theo aus eigenem Erleben und den über Generationen hinweg gesammelten Erfahrungen seiner Vorfahren um die Gesetzmäßigkeit des Wetters.

Die steilen, aus Muschelkalksteinen sorgsam zusammengefügten Weinbergstaffeln zwischen den nicht minder kunstvoll aufgeschichteten Trockenmauern sind am Hang eine besondere Herausforderung. Scheinbar nicht für Theo Harsch: Mit strahlendem Lachen erzählt der Mittvierziger, dass er schon fast zwei Stunden im Weinberg sei. Neue Rebpfähle will er in den Boden bringen, um später verzinkte Drähte spannen zu können, an denen wiederum die neu gepflanzten Reben befestigt werden sollen. Vorbei sind die Zeiten, in denen die Rebzweige zum Schutz vor Winterfrösten während der kalten Winterwochen auf den Boden gelegt und mit halben Ziegelröhren abgedeckt wurden. Heute werden die Reben stark zurückgeschnitten, das Schnittgut kleingehäckselt und wieder dem Boden zugeführt oder in den seit den 80er-Jahren reaktivierten Backhäuschen für die Anfeuerung der Öfen verwendet.

Theo ist Wengerter – wie man die Weingärtner seit alters her im Württembergischen nennt – aus Leidenschaft. Sonst würde er all die mühsame Arbeit nicht auf sich nehmen. Knochenharte Arbeit, die notwendig ist, um Riesling, Trollinger, Lemberger und andere Trauben ernten zu können. Theo ist auch so etwas wie der Reinhold Messner der Weinberge. Er hat zwar nicht alle Achttausender dieser Welt bezwungen, aber seit dem Einstieg in das hauptberufliche Wengerter-Dasein als 17-Jähriger legt er jedes Jahr – vorsichtig gerechnet – rund 30 000 Höhenmeter zurück. Rauf und runter. Immer wieder muss er die steilen Staffeln seiner Weinberge begehen. Zum Rebenschneiden, Biegen, Stämmchenputzen, Rebenheften und Gipfeln. Um Dünger hochzutragen, Rebstickel zu ersetzen, neue Reben zu pflanzen, Reben zu ernten, Butten zu tragen, Mauern zu reparieren, wieder und immer wieder. Manche seiner Parzellen zählen 280 Stufen auf 90 Höhenmetern!

Viele machen schon schlapp, wenn sie nur einmal eine Wengertstaffel hochlaufen. Die physische Leistung von Theo ist mehr als körperliche Beschäftigung. Sie ist Teil einer unglaublichen Kulturleistung. Es ist Menschen wie Theo Harsch und seiner Familie und all den Tausenden Vorfahren der Wengerter entlang von Neckar, Enz, Kocher und Jagst und anderen Weinberggebieten zu verdanken, dass ein unvergleichliches Kulturerbe als landschaftsarchitektonisches Gesamtensemble bäuerlicher Handwerkskunst erhalten blieb. Für mich ist es quasi das Machu Picchu des Neckartals.

Bäuerliche Landschaftsarchitektur: Die terrassierten Mauerweinberge sind so etwas wie die steinernen Kathedralen des Weinbaus.

Der Weinbau entlang des mit seinem milden Klima dafür begünstigten Neckartales erstreckte sich einst in weit größerer Ausdehnung zwischen dem heutigen Bischofssitz Rottenburg und – mit stellenweise geografisch bedingten Unterbrechungen – weiter den Fluss hinunter, mal rechts, mal

Dem Weinberg eine Krone aufgesetzt! Die Weinbergmauern in Esslingen bestehen weitgehend aus Sandstein; weiter neckarabwärts sind es Natursteinmauern aus Muschelkalk.

»Der Name Wirtemberg schreibt sich von Wirt am Berg – ein Wirtemberger ohne Wein, kann der ein Wirtemberger sein?«

Friedrich Schiller

links des Neckarsflusses bis nach Heidelberg. Die Wengerter haben die sonnenexponierten Hänge über Jahrhunderte hinweg geprägt. Und sie wurden selbst von dieser sonnenverwöhnten, aber hart zu bearbeitenden Landschaft auf unterschiedliche Art geprägt. In einem relativ begrenzten geografischen Gebiet entstanden lokal und regional ganz unterschiedliche Identitäten – so etwa der besondere Menschenschlag der Gogen in Tübingen, die in vielen Anekdoten weiterleben, während ihre einstigen Weinberge langsam immer weniger werden. Viele Weinberge am Oberlauf des Neckars sind heute verbuscht oder werden schon seit 1900 als terrassierte Obstwiesen genutzt. Doch überall, wo noch Trockenmauern die Hänge prägen, sind sie Zeugnis vom Fleiß vieler Wengerter-Generationen. Ob Wengert oder Obst-Stückle: Hier geben sich Natur und Kultur vielfach die Hand.

Steinernes Weltwunder

Als steinernes Wunder schlängeln sich die Mauerterrassen entlang des Neckartales und der Seitentäler Enz, Kocher und Jagst und anderer Zuflüsse. Kunstvoll zusammengefügte Front- und Seitenmauern sind, ergänzt durch steile Wengertstaffeln, oftmals mit anstehenden Felsen verwoben. Dazwischen finden sich immer wieder steinerne Gewölbeunterstände und pittoreske alte Weinberghäuschen, die – etwa zwischen Stuttgart-Bad Cannstatt und Lauffen – von wahrer Liebe der Wengerter zu ihren Weinbergen künden. Dabei hätten die Menschen in früheren Zeiten allen Grund gehabt, an der schweren Arbeit im steilen Gelände zu verzweifeln. Ohne maschinelle Hilfe mussten Steine gebrochen, behauen, mit Ochsenkarren und Pferdewagen herbeigeschafft und in mühevoller Arbeit aufgeschichtet werden. Im steilen Hang musste von Hand gehackt und gespritzt werden, und noch heute – trotz mancher technischer Errungenschaften und Hubschrauberbespritzung – verlangt ein terrassierter Weinberg den sechs- bis achtfachen Aufwand gegenüber modernen Weinbau-Anlagen. Doch dies wird mit einer besonderen Weinqualität belohnt. Denn die Trockenmauern speichern die Sonnenwärme an den Hängen und geben sie während der Nacht wieder an die Umgebung ab. Unglaublich, wie viel Sonnenenergie so über die Jahrhunderte gewonnen und über den Weinbau genutzt werden konnte. Unglaublich auch, wie viel Energie in den steinernen Mauern und Weinbergen steckt. Denn die Trockenmauern des Neckartales sind nicht nur die Kachelöfen der Steillagen-Weinberge, sondern auch Zeugen einer uralten, bäuerlichen Handwerkskunst.

Die Fertigkeit des Aufeinanderfügens von Natursteinen ohne Mörtel gehört neben der Verarbeitung von Holz wohl zu den ältesten Bautechniken der Menschheit. Daran erinnern uns so weltbekannte Bauwerke wie die Pyramiden in Ägypten, die Reisterrassen in Thailand oder die Ruinen von Machu Picchu und andere Bauten von Inkas und Azteken. Nahezu alle steileren Weinbauhänge in Württemberg waren einst mit Trockenmauern terrassiert. Je nach Umgebung wurden die Trockenmauern kunstvoll mit Muschelkalk oder Sandsteinen errichtet. So gibt es Weinbergterrassen mit Sandsteinmauern mitten in der Stuttgarter City, so etwa am Kriegsberg, unweit des Bahnhofs, gleich hinter den Zentralen der Industrie- und Handelskammer und der Landesbausparkasse. Der Bau einer solchen Mauer ist eine wahre Kunst, denn es müssen verschiedene Regeln beachtet werden, soll das Ganze

Welt aus Licht und Schatten – die tief eingeschnittenen Weinbergklingen, hier bei Mundelsheim, sind besondere Lebensräume.

nicht schon bald wieder einstürzen. Dazu gehört, dass das so genannte Hintergemäuer ebenso sorgsam zusammengefügt werden muss wie die Frontmauer. Je nach Höhe des Bauwerks muss der sichtbare Teil zwischen einem halben und einem ganzen Meter in den Hang hineinreichen. Genauso wichtig: Die Mauer braucht einen Anlauf, das heißt, vom Mauerfuß bis zur Mauerkrone erhält sie je nach Höhe eine Neigung nach hinten, was die Stabilität erhöht.

Wer einmal selbst versucht hat, ein paar Natursteine zu einer stabilen Mauer aufzuschichten, kann ermessen, welche Arbeit geleistet und welch großer Aufwand betrieben werden musste, um an den Neckarhängen Mauern so entstehen zu lassen, dass sie möglichst im Leben des Wengerters nicht noch einmal »in die Hand genommen« werden mussten – ein Umstand, der uns heute besonderen Respekt vor den Terrassen-Weinbergen zollen lassen sollte. Deshalb muss alles getan werden, die Steillagenweinberge als lebendiges Kultur- und Naturerbe und als wichtiges Bindeglied der Kulturlandschaft zu erhalten. Während viele der kunstvoll errichteten Mauern, der leichteren Bewirtschaftbarkeit wegen vor allem in den Keupergebieten etwa oberhalb von Uhlbach, Untertürkheim, Bad Cannstatt und rings um Fellbach sowie rund um Heilbronn, im Weinsberger Tal, im Zabergäu, im Stromberg und anderen Gegenden, den Rebflurbereinigungen der 60er- bis 80er-Jahre des 20. Jahrhunderts zum Opfer fielen, blieben die faszinierenden Terrassenlandschaften an den steilen Muschelkalkhängen des Neckars erhalten. Zusammengenommen bilden sie ein einmaliges Gesamtkunstwerk bäuerlicher Bau- und Handwerkstradition und ein unvergleichliches Kulturerbe als landschaftsarchitektonisches Gesamtensemble, das sich

In manchem Weinberg werden die Reben noch traditionell mit Weidenzweigen »angeheftet«.

durchaus auf Augenhöhe mit den Tempelanlagen in Südostasien oder Südamerika und mit den Grabmälern in Ägypten messen kann.

Heute kann man sich kaum noch vorstellen, wie die Terrassen und die dafür notwendigen Mauern ohne Aufzüge und andere technische Hilfsmittel in ihrer Gesamtheit angelegt wurden. Für die Rebsteillagen des Neckars wurde pro Hektar eine Gesamtoberfläche von bis zu 5000 Quadratmetern Trockenmauern errechnet. Diese bieten mit ihren vielen Kleinstrukturen Lebensraum für eine interessante – oft mediterran anmutende – Tier- und Pflanzenwelt. Dazu gehören Hauswurz, Weinraute, Fetthenne, Osterluzei sowie Mauereidechse, Schlingnatter und Weinhähnchen. Und im Frühjahr findet sich zwischen den Reben das Rapunzel: der heute vielen Menschen nicht mehr bekannte wilde Ackersalat. Dann leuchten die kleinen, zarthellblauen Blüten zwischen den aufgeschossenen und blassgrün gewordenen Pflänzchen unter den Weinstöcken und aus den Fugen mancher Trockenmauer hervor.

Bäuerliche Lanschaftsarchitektur

Natürlich wurden die Terrassen vor Jahrhunderten nicht aus ökologischen Gründen, sondern aus purer Not von den Menschen im Neckartal angelegt. Wie an vielen Orten der Erde waren Steilhänge eben nur durch die Terrassierung wirtschaftlich nutzbar zu machen. Aneinandergereiht dürften die Weinbergmauern zwischen Rottenburg und Gundelsheim gut 1800 bis 2000 Kilometer Länge betragen. Rechnet man das gesamte Gesteinsmaterial einschließlich des so genannten Hintergemäuers, dann ist hier wohl mehr Gestein vermauert als in der Cheopspyramide mit ihren Nachbarmonumenten. Aber nicht um einem einzelnen Pharao-Herrscher zu huldigen, sondern aus bäuerlichem Pragmatismus heraus. Und so sind die Weinbergmauern als Kulturerbe und ökologisch bedeutsames Landschaftselement auch Sinnbild für den Überlebenswillen der Menschen im Neckartal. Heute wären diese Bauwerke unbezahlbar. Das Neckartal im Spannungsfeld von Weinbergterrassen und Schlössern, Museen und Industriearchitektur hätte also längst den Status eines Weltkulturerbes verdient. Dieser Teil der Baden-Württembergischen Kulturlandschaft ist so perfekt und einmalig, dass alles Erdenkliche getan werden muss, um auch heranwachsende Wengerter zu motivieren, die mühevolle Arbeit am steilen Hang auf sich zu nehmen. Und hierzu bedarf es aufgeklärter Konsumenten, welche bereit sind, für solcherart erzeugte, hochqualitative Weine auch die entsprechend gerechten Preise zu bezahlen.

Das Gesamtensemble »Terrassenweinberge« – so schätzen die Denkmalschützer – ist wohl um die 1000 Jahre alt. Die Wengerter haben ihre Mauern immer wieder neu aufgebaut. Ob sie es auch noch künftig tun werden, hängt angesichts geänderter Produktionsbedingungen und der Marktstrukturen innerhalb der Europäischen Union auch davon ab, ob die öffentliche Hand bereit ist, für dieses Kulturjuwel – die steinernen Kathedralen des Weinbaus – ebenso Geld in die Hand zu nehmen wie richtigerweise auch für Burgen, Schlösser und andere Kunstschätze der Baugeschichte.

Gut verdrahtet – auch im Winter entfalten die Weinberge einen besonderen Reiz.

**»Trink' ich ihn, den Saft der Reben,
gleich erwärmet meine Seele
und beginnt in hellen Tönen
einen Preisgesang der Musen.«**

Eduard Mörike

Weinlese in Stuttgart. Lithografie von F. Schnorr um 1849.

Mit den hart und entbehrungsreich arbeitenden Wengertern – wie die Weingärtner im Neckarland genannt werden – in der so genannten guten alten Zeit will heute auch niemand mehr tauschen.

Vesperpause
bei der Weinlese,
Heilbronn 1959.

HN
H 957

Königliche Lilien im bäuerlichen Neckar-Weinberg.

Der Trollinger war lange vorherrschend in den Weinbaulagen entlang des Neckars.

Die Weinbergterrassen zwischen Mundelsheim und Hessigheim steigen bis zu 100 Meter über dem Talgrund den steilen Hang hinauf.

Unbezahlbare bäuerliche Baukunst: die rund 1000 Jahre alten Natursteinmauern mit den dazugehörigen Weinbergstaffeln.

Der Weinbau war einst zwischen Rottenburg und Tübingen viel weiter verbreitet als heute. Manche Weinberge wie hier am Spitzberg bei Tübingen-Hirschau wurden reaktiviert oder in Form von ökologisch wertvollen Trockenrasen offen gehalten.

Zur Zeit der Traubenannahme herrscht Hochbetrieb in den Weinbaukommunen.

Ländliche Idylle direkt vor den Toren der Stadt: Blick vom Fellbacher Kappelberg auf die Weinberge von Stuttgart-Untertürkheim. Im Hintergrund das Neckartal.

Leuchtend blau: Traubenhyazinthen krönen eine Weinbergmauer.

Leuchtend rot: Klatschmohn an einer Weinbergstaffel

Die Raupen des Schwalbenschwanz-Falters ernähren sich unter anderem von den Blättern der Weinraute. Diese Pflanze wurde noch vor 200 Jahren wegen ihres Gerbstoffgehaltes dem Wein zugesetzt.

Einer der prächtigsten heimischen Schmetterlinge ist der Schwalbenschwanz.
An warmen Tagen im späten Frühjahr und Sommer ist er noch in manchem Weinberghang zu beobachten.

Hier geben sich
Natur und Kultur
vielfach die Hand.

In den alten Weinberghängen finden sich mancherlei Inschriftensteine – so wie hier bei Ludwigsburg-Hoheneck.

Menschen am Neckar

Ramona Fischer setzt sich nicht nur als Geschäftsführerin der Weingärtner Esslingen für die Bewahrung der traditionellen, mit Mauern terrassierten Steillagen-Weinberge ein.

Theo Harsch hat in Mundelsheim die Weinbautradition seiner Vorfahren liebevoll fortgesetzt.

Bruno Vordermaier, Hobby-Wengerter in Benningen am Neckar, verwendet zur Befestigung seiner Weinreben traditionell frisch geschnittene Weidenzweige.

Menschen wie Heinz Becker aus Talhausen bei Epfendorf im Landkreis Rottweil helfen die Kulturlandschaft entlang des Neckars zu bewahren. An seinem Grundstück zieht er liebevoll Bohnen und anderes Gemüse am steilen Buckel hinter seinem Haus.

Das Neckartal »strahlt« mit seinem milden Klima weit in die Umgebung hinein. Dazu gehören auch die sonnigen Weinberglagen am Kappelberg bei Fellbach. Auch dort betätigt sich die Natur im Herbst als Landschaftsmalerin.

Fische, Fischer, Frachter

Der Neckar im Spannungsfeld von Ökologie und Ökonomie

»Da, schau nur, wieder ein Graureiher. Vor 20 Jahren wäre das so nicht möglich gewesen«, ruft Wolfgang Thie ganz begeistert. Er ist nicht nur Schiffskapitän, sondern auch Eigentümer der weißen Flotte des »Neckar-Käpt'n«, die ihren Heimathafen in Stuttgart-Bad Cannstatt hat. 1997 ist Thie als waschechter Hamburger mit Hochsee-Erfahrung und den entsprechenden Kapitänspatenten mit seiner Frau Susanne ganz bewusst an den Neckar gekommen. »Die Landschaft und die Leute haben es uns angetan«, sagt Wolfgang Thie in seinem gewohnt besonnenen Ton. Mit Risikobereitschaft und Mut zum Unternehmertum kaufte er die Schiffsflotte auf, entwickelte neue Marketing-Konzepte, optimierte die sommerlichen Streckenpläne und ließ schon nach wenigen Jahren ein heute sehr beliebtes Ausflugs- und Partyschiff in Gestalt eines Floßes nach den eigenen Plänen bauen. Vielen Tausend Menschen wird es so im Jahr ermöglicht, der Neckarlandschaft aus einer ganz anderen Perspektive nahezukommen. Dazu tragen auch die Heilbronner und Heidelberger Kollegen von Wolfgang und Susanne Thie mit den dortigen weißen Flotten bei. Ein Alleinstellungsmerkmal hat der Neckar dabei: Wohl nirgendwo sonst kann man vom Wasser aus den sich wie gigantische Amphitheater an die Hänge schmiegenden Terrassenweinbergen so nahe kommen. Ein besonderer Luxus, der erst mit der Neckarkanalisation möglich wurde. Diese veränderte den Fluss tiefgreifend und gefährdete – einhergehend mit Industrieabwässern – die einst reiche Fischfauna in den 60er- und 70er-Jahren des letzten Jahrhunderts massiv. Dabei war es wohl der Naturreichtum, der schon vor mindestens einer Viertelmillion Jahre Vor- und Frühmenschen in die Neckarauen geführt hatte.

Nicht ganz so lange, aber sicherlich seit 2000 Jahren wurde das Neckargebiet nicht nur als Lebens- und Siedlungsraum erschlossen, sondern der Fluss auch als Transportweg genutzt. Das beweisen etwa Funde zweier Votiv-Steine bei Benningen aus römischer Zeit. Einer der Steine stammt von einem Kaufmann, der unweit der Murrmündung samt seiner Familie einem Schiffsuntergang glücklich entronnen war. Es gilt als ziemlich sicher, dass zur damaligen Zeit von den Römern, die den Neckar als Neckar-Odenwald-Limes eine Zeit lang als äußere Reichsgrenze nutzten, Steine und andere Waren auf dem Neckar transportiert wurden. Sicherlich war gerade die Flößerei eine der ersten Nutzungen des Flusses für Transportwege. Vor allem während des Mittelalters bis zur Mitte des 19. Jahrhunderts erlebte die Flößerei – oft parallel zur Schifffahrt – einen wahren Boom. Entweder über den oberen Neckar oder über die Enz und ab dort über den mittleren und unteren Neckar wurde Langholz in Form von bis zu 340 Meter langen Flößen aus verschiedenen Teilen des Schwarzwalds bis nach Holland transportiert. Mit dem Bau der Eisenbahn bekamen dann die Flößer Konkurrenz; auch wurde die Flößerei umso mehr erschwert, als im Zuge der Industrialisierung Mühlen, Fabriken und Elektrizitätswerke am Neckar gebaut wurden.

Wie der Neckar zum schiffbaren Fluss wurde

Erste Pläne, den Neckar systematisch für die Schifffahrt zu nutzen, gab es allerdings schon im 15. Jahrhundert. So enthält der Teilungsvertrag der Grafen Ludwig und Ulrich von Württemberg vom 25. Januar 1442 unter anderem eine Bestimmung, dass der Neckar »eröffnet und schiffbar gemacht …« werden solle. Erstmals planerisch in Angriff genommen

Winterstimmung am vereisten Neckarkanal.

TWISTER

Kormoran in Brutkleid.

**»Des ist doch en alte Sach:
Eest viel Wässerle gent en Bach.
So isch grad bei Neckar ao –
ond en Rottweil macht r schao'
a'dr eeste' Mühlebruck
als Athlet sei' Gsellestuck.«**

Sebastian Blau aus »Der Neckar«

wurde das Vorhaben von Herzog Christoph. Er erlangte im Jahr 1553 von Kaiser Karl V. das Privileg, »den Neckar heraufwärts, soweit er durch sein Fürstentum fließe und es sonst sein und geschehen möge, zu öffnen, schiffgängig zu machen, zu richten, zu bauen und einzufassen, dass darauf mit Schiffen und Flößen allerlei Waren, gemeinem Nutzen zugut, auf- und abgeführt werden könnten«. Bald wurden jedoch die Pläne zur Schiffbarmachung wieder aufgegeben, da der Neckar bei Heilbronn »mit allerlei Mühlen und anderen Wassergebäuden ganz verschlossen« war und man feststellen musste, dass kein Cannstatter Schiff talwärts über Heilbronn hinaus fahren konnte. Zunächst hatten auch Versuche einer Teilkanalisierung im 16. Jahrhundert keine gravierenden Folgen für den Fluss und damit die Neckarlandschaft. Nun gab es zwar um 1714 zwischen Cannstatt und Heilbronn einen regelmäßigen Schiffsverkehr, bei dem die Schiffe auf einem so genannten Leinpfad von Pferden an Seilen bergwärts gezogen wurden; doch die Flusslandschaft wurde dadurch nur unwesentlich verändert. Schließlich ermöglichte die fortgeschrittene Technisierung, Pläne aus dem Jahr 1897 zur Schiffbarmachung des Flusses systematisch in Angriff zu nehmen. Schon zuvor wurde die Schifffahrt in technischer Weise optimiert. 1878 wurde die so genannte Kettenschleppschifffahrt zwischen Mannheim und Heilbronn eröffnet. Dafür wurde eine viele Kilometer lange, schwere Kette im Flussbett verlegt. Mit dieser konnten die Lastkähne mittels drehbarer Rollen bergwärts transportiert werden. 1920 fiel die Entscheidung, den Neckar für die »Großschifffahrt« zwischen der Mündung in den Rhein bei Mannheim bis Plochingen schiffbar zu machen. Zur Realisierung wurde die heute zur Energie Baden-Württemberg gehörende Neckar-AG gegründet. Eine gewaltige Aufgabe stand bevor, nämlich nicht nur einen Neckarkanal zu schaffen, sondern auch die aufgrund des starken Gefälles zwischen dem Schwarzwald und der Mündung in den Rhein erforderlichen Schleusen als Staustufen zu planen und zu bauen. Schon 1935 war der Neckarkanal bis Heilbronn fertiggestellt. Doch die weiteren Bauarbeiten – während der sechs Staustufen realisiert wurden – wurden während des zweiten Weltkrieges 1941 eingestellt. Die Maßnahmen wurden jedoch bald nach Kriegsende wieder aufgenommen, und so konnte der Schifffahrtsbetrieb 1952 bis Gemmrigheim und 1955 bis Marbach am Neckar freigegeben werden. 1958 wurde schließlich von Bundespräsident Theodor Heuss der Stuttgarter Hafen eingeweiht, und 1968 war das Endziel Plochingen mit dem dortigen Hafen erreicht. Damit waren 200 Kilometer des 367 Kilometer langen Neckarverlaufes kanalisiert und in 27 Staustufen unterteilt. Diese gliedern heute zusammen mit Stauwerken am Oberlauf den Fluss in ein aufeinander abfolgendes Netz von lang gestreckten Seen. Nur an wenigen Stellen, etwa zwischen Freiberg-Beihingen, Pleidelsheim und Ingersheim sowie bei Lauffen, bei Horkheim und bei Ilvesheim, blieben Altarme als Relikte einstiger Neckar-Urnatur erhalten, welche die frühe ökologische Vielfalt des Flusses wenigstens erahnen lassen. Zum Glück für die Landschaft, das Land und die Steuerzahler wurden Pläne, den Neckar über einen Tunnel durch die Alb mit der Donau und dann mit dem Bodensee zu verbinden, nie realisiert.

Für die heutigen Bewohner des Neckartals zwischen Mannheim und Plochingen gehören die Frachtkäne und während der Sommermonate auch die weißen Ausflugsboote der Personenschifffahrts-Betriebe in Heidelberg, Heilbronn und Stuttgart-Bad Cannstatt längst zum ge-

Die Staustufe Gundelsheim wurde zwischen 1935 und 1937 errichtet und 1958 um eine weitere Schleusenkammer ergänzt.

wohnten Bild, und viele Menschen können sich die ursprüngliche Neckarlandschaft nicht mehr vorstellen. Nun ist der Transport von Massengütern wie Kies und Sand, Kohle und Öl, Altmetall und anderem Schrott sowie von Autoteilen oder ganzen Fahrzeugen eine sehr umweltfreundliche Variante. Im Gegensatz zum Autotransport und selbst im Vergleich zur Eisenbahn ist die eingesetzte Energie minimal und damit der Schiffsverkehr auf dem Neckar letztlich ein – wenn seinerzeit auch nicht geplanter – Beitrag für den Umwelt- und Klimaschutz. Der Preis, den wir dafür zahlen, ist jedoch hoch, wenn man bedenkt, dass die ursprüngliche Auenlandschaft, wie sie bis zur Mitte des 20. Jahrhunderts erlebbar war, für immer verloren ist. Dennoch ist der schiffbare Neckar mit den Schleusen, Wehren und den Wasserkraftwerken aus anderer Warte betrachtet eine Meisterleistung der Ingenieurskunst des 20. Jahrhunderts.

Kampf um letzte Natur

Nun kann man das Rad der Geschichte nicht zurückdrehen, aber verantwortungsvoll nach vorne bewegen. Deshalb gilt es, die Chancen zu nutzen und dem Fluss und damit auch den Menschen entlang des Neckars wieder mehr naturnahe Refugien zurückzugeben. Die Einstellung der Menschen dazu hat sich gewandelt; der Kampf um die letzten naturnahen Refugien in den 70er-Jahren hat sich gelohnt. Es ist heute nicht mehr vorstellbar, dass noch um 1975 die Bundesschifffahrtsverwaltung den Erdaushub für die Verbreiterung des Neckarkanals bei Pleidelsheim in den letzten großen Altneckararm, der heute ebenso wie die benachbarten Baggerseen als Naturschutzgebiet und Fauna-Flora-Habitat-Areal

Die Neckarbrücke in Lauffen stammt aus dem Jahr 1532 und hatte ursprünglich elf Bögen. Schon zu Zeiten der Römer führte an dieser Stelle eine Furt durch den Neckar, und während des Mittelalters gab es einen Fährbetrieb.

geschützt ist, verbringen wollte. Nur eine Bürgerinitiative – bestehend aus einer Allianz von Naturschützern, Landwirten, Segelfliegern, Fischern und Vertretern aller Parteien (die Grünen gab es damals noch nicht) – konnte das Vorhaben verhindern. Der Kampf um letzte Natur am Neckar gab den Ausschlag auch für anderes Engagement in Sachen Ökologie und Heimat. Durch den Erfolg gestärkt, galt es nun überall am Neckar die letzten noch einigermaßen naturnahen Refugien in Form von Baggerseen als Natur aus zweiter Hand oder unverbauten Ufern zu erhalten, zu verteidigen und durch Unterschutzstellungen sowie teilweisen Aufkauf zu sichern.

Es sollte bis in die 1990er-Jahre dauern, bis sich Forderungen nach einer landschaftsökologischen Aufwertung der Restnatur entlang des Neckars auch in den Köpfen von Politikern, Planungs- und Entscheidungsträgern festsetzten. Ein erstes Konzept wurde mit der Idee für einen Landschaftspark Neckar 1995 vom Verband Region Stuttgart entwickelt.

Längst haben die Menschen den Neckar wieder für sich entdeckt und in den Sommermonaten sind es Hunderttausende, die dort, wo in den 1960er- und 1970er-Jahren eine braune, stinkende Kloake dem Rhein zufloss, jetzt Erholung suchen. Die Lebensbedingungen in und am Fluss zu verbessern sowie Hochwasserschutz und Gewässerreinhaltung zusammenzubringen sind auch die Ziele der 1999 von der Wasserwirtschaftsverwaltung des Landes ins Leben gerufenen Initiative IKoNE. IKoNE steht dabei für Integrierende Konzeption Neckareinzugsgebiet. Dabei geht es auch um die Durchgängigkeit der Gewässer für Fische und andere Wasserorganismen, wie es die Europäische Wasserrahmenrichtlinie fordert, sowie die übergreifende Zusammenarbeit von Kommunen, Fachbehörden und den verschiedenen Verbänden. Diese Initiative wurde zum Gesamtkonzept »Unser Neckar«, koordiniert vom Umweltministerium Baden-Württemberg, fortentwickelt. Unter der Regie der verschiedenen Regionalverbände entlang des Neckars treffen sich regelmäßig die verschiedensten Akteure, um Schulter an Schulter Möglichkeiten zur Optimierung der Neckarlandschaft und deren Erlebbarkeit zu diskutieren. Nach den schwierigen Anfängen gelang es auch seitens des Landes, der Regionalverbände und der Landkreise Gelder für Renaturierungsmaßnahmen zur Verfügung zu stellen, die von den Gemeinden und Städten überall dort, wo ihnen die Natur vor der Haustüre etwas wert ist, mit eigenen Mitteln ergänzt werden. Auch wenn die Gelder bei Weitem noch nicht ausreichen, die Potenziale für Renaturierungsmaßnahmen zeitnah zu nutzen, kann sich eine erste Bilanz einer neuen Neckarkultur und damit eines verantwortungsvollen Umgangs mit dem Fluss sehen lassen.

Vom Neckarursprung im Schwarzwald bei Villingen-Schwenningen bis zur 367 Kilometer entfernten Mündung in den Rhein bei Mannheim gibt es seit der Jahrtausendwende einen regelrechten Wettbewerb um gute Ideen und Konzepte.

Wo das Neckartal wieder wild wird

Das bislang größte Renaturierungsprojekt – quasi das Flaggschiff für neue Neckarnatur – wurde planerisch schon um das Jahr 2000 von der Stadt Ludwigsburg im Verbund mit dem Landratsamt Ludwigsburg, dem Verband Region Stuttgart und mit Unterstützung des Landes in Angriff

Am oberen Neckar werden noch Forellen gefangen. Am Mittel- und Unterlauf beschränken sich die Vorkommen auf die Seitengewässer.

**»Am Neckar am Neckar
Do ischt a jedes gern
wer d' Heimat hat am Neckar
der sehnt sich net in d' Fern …«**

Friedrich Richter

genommen. Wie schwierig es ist, einmal zerstörte Natur wenigstens teilweise zu reparieren, zeigt die Tatsache, dass es beim Projekt Zugwiesen an der Neckarschlaufe gegenüber dem heutigen Ludwigsburger Stadtteil Poppenweiler über zehn Jahre dauerte, um die dafür erforderlichen Grundstücke, für die zum Teil horrende Summen bezahlt werden mussten, zu erwerben. Doch der Einsatz hat sich gelohnt: Auf rund 18 Hektar Fläche entstand in zwei Abschnitten beginnend im Jahr 2011 ein Seen- und Sumpfgebiet mit direktem Anschluss an den Neckar und einer rund 1,7 Kilometer langen Umgehungsgerinne, die quasi als Bypass zur Schleuse Poppenweiler den Fischen wieder den Aufstieg ermöglicht. Diese rund 8,5 Millionen Euro teure Maßnahme wurde zum einen mit Mitteln aus dem Ökokonto als Ersatz für versiegelten Boden im Rahmen von Baulandumlegungen, mit Fördermitteln des Landes sowie der Sparkassenumweltstiftung Wirklichkeit. Zum anderen wurde die zweite Ausbaustufe mit dem Rückbau der Dammanlage und der Öffnung der Seenlandschaft zum Neckar im Zuge des EU-Kooperationsprojekts Life + My Favourite River federführend von der Wasser- und Schifffahrtsverwaltung mit der Stadt Ludwigsburg realisiert.

Im Neckar leben heute wieder über 40 Fischarten. Dominierend sind dabei Brachsen, Döbel, Rotauge, Laube, Giebel, Gründling, Karpfen, Zander, Hecht, Flussbarsch, Aal und Schleie. Aber es sind auch Fische im Neckarwasser unterwegs, die einst nicht in dieses Ökosystem gehörten. So etwa der Wels; ein Fisch, der von Natur aus zum Donau-Gewässersystem gehört. Doch seit dem Rhein-Main-Donaukanal und dem Einsetzen gebietsfremder Fischarten in früheren Zeiten durch Angler ist das natürliche System durcheinandergeraten. Und noch sind die Zeiten vorbei, in denen Lachse vom Rhein kommend den Neckar aufstiegen. Viele Maßnahmen von Gemeinden, Städten, Landkreisen, Regionalverbänden, dem Land Baden-Württemberg und vielen privaten Initiativen aus Fischerei und Naturschutz zielen darauf ab, den Fluss durch den Bau von Umgehungsgerinnen als Hilfe für den Fischaufstieg wieder durchgängig zu machen. Ob Angler künftig wohl wieder Lachse aus dem Neckar ziehen können? Längst gehören Fischer wieder wie Frachter zum gewohnten Bild des Neckartales zwischen Mannheim und Plochingen. Weiter flussaufwärts wird es ruhiger und an manchen Stellen stehen in den Sommermonaten sogar Fliegenfischer im Wasser.

Heute werden jährlich auf dem Neckar rund sieben Millionen Tonnen an Massengütern befördert. Dabei werden rund fünf Millionen Tonnen vom Rhein aus zu den Umschlaghäfen Heilbronn, Stuttgart und Plochingen transportiert. Rund 2,5 Millionen Tonnen gehen dann wieder flussabwärts Richtung Rhein. Es sind hauptsächlich Massengüter wie Baustoffe, Salz, Öl und Kohle, sowie Düngemittel und Schrott. Hinzu kommt seit der Jahrtausendwende zunehmend die Beförderung von Containerfracht zwischen den Häfen Stuttgart und den Häfen Antwerpen und Rotterdam, die eine Größe von rund 34 TEU erreicht hat. Selbst die Weltfirma DaimlerBenz, die ja auch Lastkraftwagen herstellt, lässt viele Tonnen Material auf dem Neckar befördern.

Der Wilhelmskanal in Heilbronn, eröffnet 1821, in einer Lithografie aus dem frühen 19. Jahrhundert. Bereits von Beginn an herrschte reger Schifffahrtsbetrieb, denn der Kanal ermöglichte es, den Heilbronner Neckar – der mit zahlreichen Wehranlagen und Mühlen verbaut war – zu umgehen und damit den Fluss über Heilbronn hinaus mit Schiffen zu befahren. Heute steht der Kanal unter Denkmalschutz.

Rund 300 Meter lang waren die Flöße, die über Nagold und Enz zum Neckar und dann weiter bis zum Rhein und darüber hinaus geflößt wurden. Eine andere Floßstrecke führte vom oberen Neckar an Tübingen vorbei

Andreas und Jürgen Seybold sind die letzten Berufsneckarfischer. Aus der traditionellen Neckarfischer-Familie Seybold sind renommierte Fischhandlungen und Ladengeschäfte in Ludwigsburg und Lauffen entstanden.

Naturferne Kanalästhetik aus früheren Zeiten – der Neckarkanal bei Pleidelsheim.

Frachter, freie Neckarwiese und Fernsehturm in Mannheim.

Voll beladen: Frachter mit Tiefgang.

Die gedeckte Holzbrücke unterhalb der Ruine Neckarburg wurde Mitte des vorigen Jahrhunderts
vom Schwäbischen Albverein errichtet.

Der Neckar – auch eine Straße des Wassersports: beim Ruderverein Bad Wimpfen.

Verrostet und verschrottet. Altmetalllager im Bereich des Neckarhafens Plochingen.

Damit es für die Fische wieder aufwärtsgeht: Fischtreppe beim Neckarwehr in Nürtingen.

Seit der Jahrtausendwende haben sich Gänsesäger wieder am Neckar angesiedelt.

Der Neckarhafen Stuttgart ist ein wichtiger Umschlagplatz für das heimische Gewerbe und Teil der Industrielandschaft zwischen Esslingen und Ludwigsburg. Im Hintergrund rechts das Mercedes-Museum und die Mercedes-Benz-Arena.

Kontrolle des Fischbestandes: elektrische Neckarbefischung des Verbands für Fischerei und Gewässerschutz im Kreis Ludwigsburg am Neckaraltarm bei Freiberg.

Jährlich an Fronleichnam laden seit 1956 studentische Verbindungen in Tübingen zum Stocherkahnrennen.

Sommer, Sonne,
Stocherkahn –
aus Tübingen
nicht mehr
wegzudenken.

Oft scheint in der Umgebung schon die Sonne, während der Neckar noch einige Stunden in zarte Nebelschwaden eingehüllt ist. Morgenstimmung bei der Schleuse Marbach/ Benningen.

Wegweiser am Fluss in Neckarsteinach. Ob mit dem Schiff, dem Fahrrad oder zu Fuß: überall entlang des Neckars gibt es viele Möglichkeiten, die Flusslandschaft zu erkunden.

Mit den weißen Schiffsflotten in Stuttgart, Heilbronn und Heidelberg erleben alljährlich Tausende von Ausflüglern den besonderen Reiz der Neckarlandschaft.

Container-Terminal im Stuttgarter Hafen bei Hedelfingen.

In Mannheim findet der Neckar sein unspektakuläres Ende und ergießt sein Wasser in den Rhein.

Schrottfrachter von einer Neckarbrücke aus gesehen. Vielleicht wird manches Alteisen nach dem Recycling in anderer Form wieder den Neckar hinauf transportiert.

Der Schleusenkanal bei Bad Friedrichshall-Kochendorf.

Der Neckar beherbergt heute wieder rund 40 Fischarten. Nach der Kanalisierung sind es allerdings eher Arten, die langsam fließendes oder stehendes Wasser bevorzugen, während ursprünglich mehr strömungsliebende Fische den Neckar besiedelten. Hier ein Hecht in Lauerstellung.

Der römische Weihestein vor dem Benninger Rathaus ist ein 2000 Jahre altes Zeugnis früher Neckarschifffahrt.

Blick auf Plochingen und den Plochinger Neckarhafen. Hier endet die 202 Kilometer lange Bundeswasserstraße Neckar.

Schleimige Schleuse – bei einer Schifffahrt ergeben sich immer wieder neue, ungewohnte Perspektiven.

Neckarwehr mit Schleusenkammer bei Heidelberg während des Hochwassers im Jahr 1988.

Gut aufgehängt: Golden Gate Bridge im Kleinen in Form einer Hängebrücke zwischen Marbach und Benningen am Neckar.

Elegant überspannt: die aus dem Buntsandstein des Odenwaldes 1788 erbaute alte Brücke bei Heidelberg. Der offizielle Name ist Karl-Theodor-Brücke.

Menschen am Neckar

Peter Kocks, hier in Zwingenberg, leitet das Referat »Gesamt-Neckar« des Landesverbands Motorsport Baden-Württemberg e.V.

Frachtkapitänin Claudia Hein befährt mit ihrem Schiff regelmäßig den Neckar.

Wolfgang Thie ist Eigner der Reederei »Neckar Käpt'n« in Stuttgart.

Claus Hipp, auch Neckar-Caruso genannt, bringt mit seinem Stocherkahn den Gästen nicht nur den Tübinger Neckar nahe, sondern erzählt auch Geschichten von Dichtern und Denkern.

Bernd Marbach – Eigner des Logistikunternehmens Marbach Concepte und Zeyer-Trans in Heilbronn-Biberach – testet hier mit seinem Sohn ein historisches Amphibienfahrzeug.

Im Gegensatz zu Berichten aus früheren Jahrhunderten hat der Neckar heute nur noch selten Eisgang.

Dichter, Denker, Dampf- maschinen

Der Neckar – die größte Kulturmeile der Welt

Er ist's

Frühling lässt sein blaues Band
Wieder flattern durch die Lüfte;
Süße, wohlbekannte Düfte
Streifen ahnungsvoll das Land.
Veilchen träumen schon,
wollen balde kommen.
– Horch, von fern ein leiser Harfenton!
Frühling, ja du bist's!
Dich hab ich vernommen!

Eduard Mörike
(1804–1875)

Das kurze Gedicht »Er ist's« von Eduard Mörike blieb mir als Schüler nachhaltig im Gedächtnis haften. Damals war mir zwar die gleichermaßen komprimierte wie zutreffende, in Reim gefasste Beschreibung der Frühlingsstimmung in der Landschaft und des damit verbundenen Frühlingsgefühls bei den Menschen nicht bewusst. Doch wenn heute die Märzsonne so manche Böschung am Neckar wärmt und die ersten Veilchen bunte Farbtupfer in das noch fahle Gras setzen, kommt mir unweigerlich Mörikes Frühlingsgedicht in den Sinn. Erst später, als junger Erwachsener, beschäftigte ich mich mit den heimischen Dichtern und erkannte dabei immer mehr, dass der Neckarlandschaft eine besondere Inspirations- und Innovationskraft innewohnen muss. Wie könnte es sonst sein, dass der selbstironische Spruch »Der Schiller und der Hegel, der Uhland und der Hauff, das ist bei uns die Regel, das fällt uns gar nicht auf« nur einen kleinen Ausschnitt derer darstellt, die im Neckarland geboren wurden, hier gewirkt haben und als Poeten weit über die Landesgrenzen hinaus berühmt geworden sind. Der Spruch geht auf den 1837 in Stuttgart geborenen Eduard Paulus d. J. zurück. Sein Vierzeiler wird in vielfacher Weise beliebig auch mit Schelling, Mörike, Hölderlin und Kerner variiert. Und so ist der zweite Vers, der die Poetenvielfalt des Neckartals umschreibt, durchaus verständlich: »Wir sind das Volk der Dichter, ein Jeder dichten kann, man seh' nur die Gesichter von unser einem an.«

Was später als einer der arrogantesten Sätze eines Volkes interpretiert wurde, war sicher – so sehen es manche Literaturwissenschaftler – als selbstironische Parodie auf das Bildungsbürgertum und die politische Situation im damaligen Königreich Württemberg zu sehen. Wie auch

Der Hölderlinturm an der Tübinger Neckarfront. Die Universitätsstadt war und ist zusammen mit Heidelberg ein Magnet für Intellektuelle.

An sonnigen Tagen im März wird an mancher Neckarböschung das Frühlingsgedicht von Eduard Mörike duftend und leuchtend wieder lebendig.

**»Schau zum Fenster raus
sieh den Neckar draus
ei wie ist es schön
so auf Reisen gehen ...«**

Aus dem Gedicht »Auf der Eisenbahn«, Autor unbekannt

immer, es ist unstrittig, dass keine Landschaft eine solche Fülle von Dichtern, Philosophen und anderen Denkern sowie Erfindern hervorgebracht und angezogen hat wie das doch relativ kleine Neckarland. Und warum soll man als hier Geborener oder Zugewanderter darauf nicht stolz sein?

Es ist viel darüber gerätselt worden, warum gerade aus dem Neckartal so viele Dichter und Denker hervorgegangen sind und warum diese Gegend so viele Geistesgrößen angezogen hat. Letzteres mag sicherlich an den schon damals national und teils international bedeutsamen Universitäten in Tübingen und in Heidelberg gelegen haben. Und es lag natürlich an den Menschen, die dort gelehrt oder studiert haben. Die einen »lockten« die anderen an – ein Phänomen, das sich bis heute an den immer wieder wechselnden Treffpunkten Intellektueller weltweit ablesen lässt. Ein weiterer Grund für die Geistesexplosion am Neckar: Das Gebiet des heutigen Baden-Württemberg war bis zum Eisenbahn-Boom gegen Ende des 19. Jahrhunderts das Armenhaus Europas. Die im Kernland Württembergs übliche Realteilung führte zur Aufsplitterung des Grundbesitzes und zur Schrumpfung von Acker- und Wiesenflächen auf schmale und allerschmälste Streifen. Die damals noch viele Köpfe zählenden Familien konnten davon vor der Industrialisierung nur schwer ernährt werden. Zwar gab es in manchen Landstrichen beste Böden, doch die Mechanisierung der Landwirtschaft kam erst langsam voran und so konnten die wertvollen Lößflächen im mittleren Neckarraum oder im Mannheimer Raum nicht optimal genutzt werden. Arm an Bodenschätzen und immer wieder gebeutelt und geknechtet durch überregionale Kriege, die zum Leidwesen der armen und oft von den jeweiligen Landesherren ausgebeuteten Bevölkerung auch in Württemberg ausgetragen wurden, hatte die Gegend den Menschen wenig zu bieten. Ob Bauernkrieg Anfang des 15. Jahrhunderts, Dreißigjähriger Krieg zwischen 1618 und 1648, Pfälzer Erbfolgekrieg von 1688 bis 1697, Spanischer Erbfolgekrieg von 1701 bis 1714, napoleonische Kriege Ende des 18. und Anfang des 19. Jahrhunderts: Immer waren Gebiete des heutigen Baden-Württemberg und des Neckarlandes betroffen. Mal durch direkte Kampfhandlungen und Zerstörungen, mal durch die zwangsweise Verpflichtung von Landeskindern für eigene und fremde Armeen. Hinzu kamen die Auswirkungen globaler Ereignisse wie etwa des Ausbruchs des Vulkans Tambora auf der indonesischen Insel Sumbawa 1815. Eine um den Globus ziehende Aschewolke bewirkte einen vulkanischen Winter im Gebiet des heutigen Baden-Württemberg, später Sommer ohne Sonne genannt. Vielleicht liegt es auch an der von vielen Faktoren bestimmten, jahrhundertelangen Armut, dass sich das Neckarland als reich an Ideen und Erfindungen entwickeln konnte.

Not macht erfinderisch

Die Not macht bekanntlich erfinderisch und setzt Gedanken frei. Zumindest ist dies ein Erklärungsversuch, warum das Neckarland in der zweiten Hälfte des 18. Jahrhunderts solche Geistesgrößen wie Friedrich Schiller, Friedrich Hölderlin und Georg Wilhelm Friedrich Hegel hervorgebracht hat. Und auch für die technischen Innovationen und Erfindungen im 19. Jahrhundert scheinen Historiker, Soziologen und Ökonomen eine Erklärung zu haben. Nach der Explosion des Tambora in Indonesien – die Menschen wussten im weit entfernten Europa nicht, dass der Sommer ohne Sonne darauf zurückzuführen war – erfolgte gerade im

Nicht nur mit dem Experimenta-Gelände wurden die Neckarkanäle als Frischluftzelle, Lebens- und Erholungsraum in Heilbronn aufgewertet.

württembergischen Landesteil eine Explosion technischer Neuerungen und Erfindungen. Neue landwirtschaftliche Geräte – wie Mäher, Schar, Pflug, Egge und vieles mehr – wurden hier entwickelt und eingeführt. Dafür sorgten auch der damals junge König Wilhelm I. und seine Frau, Katharina Pawlowna, eine Tochter des russischen Zaren Paul, mit der Gründung des Vorläufers der landwirtschaftlichen Universität Hohenheim sowie der Initiierung einer landwirtschaftlichen Innovationsmesse – daraus wurden später das Landwirtschaftliche Hauptfest und das Cannstatter Volksfest. Wo Innovationen gefördert werden, steigt die Zahl von Erfindungen. Im Neckarland war dies eindeutig der Fall.

Von der Frühromantik zum Zeitalter der Erfinder

Letztlich gibt es drei Zeiträume, die sowohl im Hinblick auf die Literatur- als auch die Erfinder- und Technikgeschichte für das Neckartal bedeutsam sind. Einmal die Epoche der so genannten Frühromantiker (um 1795–1804), danach die der so genannten schwäbischen und Heidelberger Romantiker (um 1804–1810) und dazu das Zeitalter der Erfinder, das gegen Ende des 19. Jahrhunderts begann und sich, wenn man so will, bis zum heutigen Tag fortsetzt. Überall entlang des Neckars kann man in Bibliotheken, Museen oder anhand von Denkmälern und Inschriften auf Spurensuche im Dichter- und Erfinderland Neckartal gehen. Zu den bekanntesten Dichtern, die entlang des Neckars geboren sind, hier den Großteil ihres Lebens verbrachten oder in die »Ferne« – die damals gar nicht so weite Welt – aufbrachen, gehören der in Marbach am Neckar geborene Friedrich Schiller (1759–1805), der in Ludwigsburg geborene Eduard Mörike (1804–1875), der in Lauffen am Neckar geborene Friedrich Hölderlin (1770–1843), der in Tübingen geborene Ludwig Uhland (1787–1862), der in Ludwigsburg geborene Justinus Kerner (1786–1862), der in Stuttgart geborene Wilhelm Hauff (1802–1827), der in Stuttgart geborene Philosoph Georg Wilhelm Friedrich Hegel (1770–1831), der in Stuttgart geborene Gustav Schwab (1792–1850) und der ebenfalls in Ludwigsburg geborene Friedrich Theodor Vischer (1807–1887). Ob im Umfeld der Eberhard-Karls-Universität in Tübingen oder der Ruprecht-Karls-Universität in Heidelberg: Dichter und Denker trafen sich und verfassten – vielleicht ab und an auch vom heimischen Wein oder Most beseelt – Gedichte und Abhandlungen über den Neckar und das Neckarland, über einzelne Bauten und die hiesigen Menschen, das Leben, die Liebe und den Weltschmerz. Oft interpretierten sie ihre Sehnsucht nach der Ferne und anderen, für sie nicht erreichbaren Landen in ihre Reime – so etwa Hölderlin. Und so wurde die Wurmlinger Kapelle auf dem landschaftlich markanten Ausläufer des Spitzberges bei Tübingen ebenso besucht, bedichtet und bei festlichen Gelagen auch betrunken wie das Heidelberger Schloss und die Stadt Heidelberg selbst. Gerade Heidelberg avancierte zum Inbegriff der jungen Romantik, und es ist erstaunlich, wer hier die Klinken der Universität, der Gasthäuser und vielleicht auch des berühmt gewordenen Karzers, also des einstigen Studentengefängnisses, gedrückt hat. Nicht anders in Tübingen. Zu den Geistesgrößen, die das Neckarland besuchten und sich zeitweise hier aufhielten, gehören Hans Christian Andersen, Achim von Arnim, Clemens von Brentano, Adalbert von Chamisso, Joseph von Eichendorff, Johann Wolfgang von Goethe, Johann Peter Hebel, Gottfried Keller, Charles de Montesquieu, Rainer Maria Rilke, Joseph Viktor von Scheffel und Mark Twain. Der 1835 in

Reiche Technikgeschichte: Carl Benz 1894 mit seiner Familie bei einer Ausfahrt nach Gernsheim bei Mannheim.

»Das Beste oder nichts«

Gottlieb Daimler, Entwickler des ersten schnelllaufenden Benzinmotors und des ersten vierrädrigen Kraftfahrzeugs mit Verbrennungsmotor.

Florida geborene Schriftsteller, der eigentlich Samuel Langhorne Clemens hieß, bereiste den Neckar mit dem Floß, hielt sich drei Monate in Heidelberg auf und lieferte für die heutigen Touristiker eine Steilvorlage. In den Erzählungen seines Buches »A Tramp Abroad« verarbeitete er teils dokumentarisch und teils auch ironisch seine Erlebnisse auf und am Neckar. Darin heißt es: »Deutschland ist im Sommer der Gipfel der Schönheit, aber niemand hat das höchste Ausmaß dieser sanften und friedvollen Schönheit begriffen, wirklich wahrgenommen und genossen, der nicht auf einem Floß den Neckar hinab gefahren ist.«

Von Floßen, Fernbahnen und Autoflotten

In Heidelberg und auch anderswo am Neckar kommen heute keine Flöße mehr vorbei, was nicht zuletzt auf die Technik-Geschichte im Neckartal zurückzuführen ist. Schon früh wurde der Fluss mit Mühlen und Wehren verbaut, dann kamen die ersten Dampfmaschinen in Form der Eisenbahn in das Neckartal, etwa mit der Neckartalbahn ab Heidelberg (1862), mit der Strecke Stuttgart-Heilbronn ab 1844, der Odenwaldbahn (ab 1862), der Linie Stuttgart-Esslingen ab 1845 und der 1879 eröffneten Strecke von Stuttgart über Eutingen im Gäu nach Hattingen (Baden), die später zur so genannten Gäubahn erweitert wurde.

Mit den Dampfmaschinen der Eisenbahn und dem dadurch vollzogenen modernen Verkehrsanschluss an die »Außenwelt« konnten die wichtigen Weichen der industriellen Entwicklung im Neckartal gestellt werden. Die Flößerei wurde unwirtschaftlich und bald eingestellt. Durch die Erfindung des ersten Automobils durch den 1844 in Mühlburg bei Karlsruhe geborenen und 1929 in Ladenburg gestorbenen Carl Friedrich Benz und die Entwicklung des ersten vierrädrigen Kraftfahrzeugs mit schnellem Benzinmotor durch den in Schorndorf 1834 geborenen Gottlieb Daimler (1900 in Cannstatt bei Stuttgart verstorben) begann die Geschichte der Mobilität. Für das Neckartal gehören dazu auch die heutigen Audi-Werke in Neckarsulm, die aus der Zusammenlegung der 1880 von Riedlingen nach Neckarsulm verlegten NSU Werke (NSU steht als Abkürzung für die beiden Flüsse Neckar und Sulm) mit der Autounion GmbH im Jahr 1969 entstanden. Und dazu gehört natürlich auch die Ansiedlung des ersten Konstruktionsbüros durch Ferdinand Porsche (1875 bis 1951) in Stuttgart-Zuffenhausen, aus dem die heutige Porsche AG hervorging. Die Automobilgeschichte und die Automobiltechnik – wiederum ausgehend vom Neckarland – wäre in ihrer Entwicklung ohne Robert Bosch (1861–1942) nicht denkbar gewesen. Er eröffnete seine »Werkstätte für Fernmechanik und Elektrotechnik« 1886 in Stuttgart. Heute zählt die Robert Bosch GmbH weltweit rund 290 000 Mitarbeiter. Wenn man Wissenschaft und Wirtschaft zusammennimmt, von den ersten Poeten und den ersten Dampfmaschinen, vom ersten Benzinmotor bis zur heutigen Wissenschaftslandschaft, so ist der Neckar die Entwicklungsachse schlechthin. Nirgendwo – vom Silicon Valley im US-amerikanischen Kalifornien abgesehen – werden auf so engem Raum so viele Patente angemeldet, finden so viele technische Innovationen noch heute statt, wie es im Zusammenspiel von Universitäten, Großunternehmen, mittelständischen Betrieben, zahlreichen kleineren Zulieferern – etwa der Automobilindustrie – entlang des Neckars und seines Einzugsgebiets erfolgt. Überall – vom oberen Neckar bis zur Mündung in den Rhein – finden sich auch so genannte hidden champions; also Firmen, die nicht

Mit den Dampfmaschinen kam der Wohlstand. Eisenbahnbrücke bei Bad Cannstatt im Jahr 1907.

so bekannt sind wie Bosch, Daimler, Porsche und Audi, sich aber in ihrem jeweiligen Bereich als weltweit operierende Marktführer etabliert haben. Es ist gerade auch die ökonomisch-kulturelle Mischung, die den Neckar als Innovationsachse im Vergleich zu anderen, viel längeren Flusslandschaften so einzigartig macht. Ob die Universitäten in Tübingen, Stuttgart-Hohenheim, Stuttgart, Heidelberg und Mannheim, die Filmakademie in Ludwigsburg, zahlreiche Fachhochschulen und viele andere wissenschaftliche Einrichtungen. Ob Deutsches Literaturarchiv mit Schiller-Nationalmuseum und Literaturmuseum der Moderne in Marbach, Mercedes-Benz-Museum, Porsche Museum in Stuttgart, das Audi-Forum in Neckarsulm, die Experimenta in Heilbronn, das Technoseum in Mannheim und viele andere Einrichtungen: Nirgendwo auf der Welt gibt es so viele herausragende Einrichtungen in dieser Dichte wie entlang des Neckars. Da bekommt doch das Gedicht von Friedrich Hölderlin »Der Neckar« – der sicherlich ganz andere Gedanken darin verarbeitete – eine ganz andere, ganz neue Bedeutung:

Der Neckar (Auszug)

In deinen Tälern wachte mein Herz mir auf
Zum Leben, deine Wellen umspielten mich,
Und all der holden Hügel, die dich
Wanderer! kennen, ist keiner fremd mir.

Auf ihren Gipfeln löste des Himmels Luft
Mir oft der Knechtschaft Schmerzen; und aus dem Tal,
Wie Leben aus dem Freudebecher,
Glänzte die bläuliche Silberwelle.

Der Berge Quellen eilten hinab zu dir,
Mit ihnen auch mein Herz und du nahmst uns mit,
Zum stillerhabnen Rhein, zu seinen
Städten hinunter und lustgen Inseln.

Friedrich Hölderlin
(1770–1843)

Stadtansicht von Marbach am Neckar mit dem Schiller-Geburtshaus (Bildmitte), um 1840. Links im Hintergrund: die spätgotische Alexanderkirche mit einem Storchennest auf dem mächtigen Kirchenschiff

Das Geburtshaus des durch seine Märchen weltweit bekannten Dichters Wilhelm Hauff in Stuttgart (1802 bis 1827) in der ersten Hälfte des 20. Jahrhunderts.

Literatentempel. Das Deutsche Literaturarchiv mit Schiller-Nationalmuseum und Literaturmuseum der Moderne in Marbach ist eine weltweit einzigartige Forschungsstätte. Hier werden nicht nur Originalschriften von Friedrich Schiller, Eduard Mörike, Justinus Kerner und Friedrich Hölderlin, sondern auch die Nachlässe von Hermann Hesse, Franz Kafka, Ernst Jünger und vieler anderer Denker sorgsam verwahrt, erforscht und immer wieder im Rahmen von Sonderausstellungen präsentiert.

Blick vom Heilbronner Wartberg auf die Käthchenstadt. Die faszinierende Aussicht genoss auch Johann Wolfgang von Goethe am 28. August 1797, als er anlässlich seines 48. Geburtstages am Nachmittag den Wartberg besuchte.

Der Blaue Turm in Bad Wimpfen war einst Bergfried der Kaiserpfalz. Seit über 650 Jahren wachen ununterbrochen in 53 Meter Höhe Türmer über Stadt und Land.

Die Neckarlandschaft – hier beim Naturschutzgebiet Felsengärten bei Hessigheim – hat im Laufe der Zeit viele Dichter und Denker inspiriert.

Viel besungen und bedichtet: die historische Altstadt von Heidelberg.

Das Wohnhaus der Familie Hölderlin in Nürtingen. Hier verbrachte der Dichter seine Jugend. Die Aufnahme zeigt den früheren Zustand, nach etlichen Umbauten und unterschiedlichen Nutzungen beherbergt das Gebäude heute die Volkshochschule.

Die Regiswindis-
kirche in Lauffen
am Neckar.
Ähnlich sah die
Anlage schon aus,
als 1770 der Poet
Johann Christian
Friedrich Hölderlin
in Lauffen geboren
wurde.

Neckardschungel. Der Auwald »Kirchheimer Wasen« am linken Neckarufer zwischen Kirchheim und Lauffen vermittelt als wertvoller Lebensraum für viele seltene Tiere einen Eindruck, wie die Neckaraue noch zur Römerzeit ausgesehen hat.

Das bischöfliche Ordinariat in Rottenburg, renoviert und erweitert im Jahr 2013.

Der Karzer – also das Studentengefängnis – der Universität Heidelberg.
»In Betrieb« war der weltberühmte Karzer zwischen 1778 und 1914.

Menschen am Neckar

Dichter: Der Lyriker und Erzähler Eduard Friedrich Mörike (1804 bis 1875) wurde in Ludwigsburg geboren.

Lenker und Erfinder I: Gottlieb Daimler (1834 bis 1900) gründete 1882 in Bad Cannstatt eine erste Versuchswerkstatt.

Lenker und Erfinder II: Carl Benz (1844 bis 1929) entwickelte mit dem Benz Patent-Motorwagen Nr. 1 1885 das erste moderne Automobil.

Philosoph Georg Wilhelm Friedrich Hegel (1770 bis 1831) – hier ein Denkmal an der Rathausfassade seiner Heimatstadt Stuttgart – gilt als bedeutendster Vertreter des Deutschen Idealismus.

Universalgenie: Friedrich Schiller (1759 bis 1805) wurde in Marbach am Neckar geboren und gilt bis heute als einer der wichtigsten deutschsprachigen Dramatiker, Lyriker und Philosophen.

Herbststimmung im Neckartal. Die Aufnahme lässt die weiten Flussmäander erahnen.

Wasser, Wirtschaft, Wohlstand

Vom Armenhaus Europas zur weltweit bedeutenden Wirtschaftsachse

Es sieht aus wie Klein-Venedig, und doch liegt es im Herzen Württembergs. Wann immer ich nach Esslingen komme, gilt neben den in Fischgrätenmustern angelegten Mauerweinbergen den dortigen Kanälen ein Abstecher. Sie markieren das einstige Hauptbett des Neckars und zeigen als lebendige Geschichte von Industrie, Kultur und Natur, wie der Fluss schon früh erschlossen und genutzt wurde. Da die Pfade entlang der Kanäle etwas abseits verlaufen, erschließt sich bei einem Spaziergang eine ganz besondere Idylle. Ob Hammerkanal, Rossneckar oder Wehrneckar: Enten schwimmen umher und sommers flitzen Libellen über das Wasser. An manchen Stellen liegen Boote, blumenbunte Gärten reichen bis an Ufermauern und alte technische Bauwerke bilden zusammen mit Brücken aus verschiedenen Zeitaltern ein einmaliges Flussensemble. Idylle pur. Nicht in dieser Ausprägung, aber nicht minder interessant, begeistern mich überall am Neckar frühe Zeugnisse der Industriegeschichte. Dazu gehören das imposante Wehr weiter neckaraufwärts in Nürtingen, das Wehr zwischen Tübingen und Kirchentellinsfurt und der Zusammenfluss von Neckar und Neckarkanal bei Pleidelsheim. Ebenso die landschaftlich vollkommen andere, aber aufgrund der Siedlungsstruktur ebenfalls reizvolle Situation bei Lauffen sowie die durch den Neckarkanal geprägte Hafensituation in Heilbronn.

Seit Menschengedenken haben die Bewohner des Neckartals versucht, die Landschaft nach ihren Bedürfnissen umzugestalten. Neben der Nutzung des Neckars als Transportweg bildete vor der Elektrifizierung die Nutzung der Wasserkraft eines der wichtigsten Standbeine für Gewerbe und Handel entlang des Neckars. Überall gibt es noch Gebäude, Gewann- und Straßenbezeichnungen, die zeigen, wie die Kraft des Flusses genutzt wurde. Getreidemühlen, Walkmühlen, Sägewerke, Gerbereien und Färbereien nutzten das Neckarwasser – und verschmutzten es. Aus vielen dieser Anlagen gingen noch heute existierende Firmen und Gewerbebetriebe hervor; andere sind im Lauf der Geschichte aufgegeben oder von neuen Entwicklungen verdrängt worden. So auch das erste Elektrizitätswerk Württembergs unterhalb der Schillerstadt Marbach, erbaut 1899, das heute noch dasteht wie eine kleine spätgotisch anmutende Backstein-Kathedrale. Durch den Ausbau des Neckars überflüssig geworden, verlor es seine Bedeutung durch den Bau eines größeren so genannten Laufwasserkraftwerks weiter flussaufwärts. In dessen Nachbarschaft wurde ein erst 1981 stillgelegtes Kohlekraftwerk gebaut, später ergänzt um zwei mit Heizöl betriebene Kraftwerksblöcke, die heute zur EnBW gehören.

Fluss der Kraftwerke

Kein Fluss hat auf solch kurzer Strecke so viele Kraftwerke aufzuweisen wie der Neckar. Dazu zählen zahlreiche Laufwasserkraftwerke, die einerseits umweltfreundliche Energie produzieren, andererseits aber mit ihren Rechen und Turbinen eine Gefahr für wandernde Neckarfische – und hier insbesondere den Aal – darstellen. Hinzu kommen die Kernkraftwerke in Neckarwestheim und Obrigheim, die nach und nach durch den Beschluss Deutschlands, aus der Atomenergie auszusteigen, abgeschaltet werden.

Das Wasser brachte Energie, und Energie brachte Wohlstand. Und der Wohlstand forderte weitere Energie, damit diese weiteren Wohlstand bringen konnte. Und so gehören zum Bild des Neckartales

Die Industriegeschichte am Neckar reicht weit in das 19. Jahrhundert zurück.

Als man zum Sandholen noch an den Neckarstrand ging. Das Bild aus dem Jahr 1825 zeigt die Gewinnung von Schwemmsand bei Tübingen.

Schon früh war der Neckar nicht nur Siedlungsraum, sondern auch wichtige Wirtschaftsachse. Aus dem Neckar wurden Sand und Kies geholt, das Neckarwasser wurde genutzt für Mühlen, Sägewerke, Gerbereien und war auch wichtiger Wasserweg für die Flößerei.

heute auch die großen Kraftwerksblöcke von Altbach bei Esslingen, von Marbach, Walheim, Heilbronn und, schon am Rhein gelegen, aber nicht weit von der Neckarmündung entfernt, von Mannheim. Betrieben werden diese je nach Standort unterschiedlich mit Steinkohle oder Heizöl.

Wirtschaftlicher Fortschritt bedeutete im Neckartal lange Zeit ökologischen Rückschritt. Denn wo es Arbeitsplätze gibt, lassen sich Menschen nieder. Und so gehört das Neckargebiet heute zu den am dichtesten besiedelten Regionen Deutschlands und Europas. Gab es am Neckar, der sich schon vor der Kanalisierung immer wieder als wilder, unbezähmbarer Kerl präsentierte, gewaltige Hochwasser – so wie etwa 1824 –, so kamen die so genannten Jahrhunderthochwasser durch die Flussverbauung in immer kürzeren Abständen (1978, 1990 und 1993). Kein Wunder, denn wo die versiegelte Fläche immer größer, der Regenwasserabfluss immer schneller wird, wo im Hinterland früher viele Rinnsale und Bäche ausgebaut wurden, gibt es auch schneller Hochwasser. Zum Glück hat seit den 1980er-Jahren ein Umdenken eingesetzt. Damit die Segnungen des Wohlstandes – nämlich Wohnhäuser, Gewerbegebiete, Sport- und andere Freizeitanlagen – nicht gefährdet werden, wurden Hochwasserdämme und Mauern gebaut, womit allerdings die Neckarbewohner die Beziehung zu ihrem Fluss verloren. Erst in den 90er-Jahren wurden übergreifende Pläne entwickelt, die Hochwassergefahr durch entsprechendes Wassermanagement und naturnahen Gewässerbau schon im Einzugsbereich zu reduzieren, den Fluss durch Umgehungsgerinne von Schleusen und Kraftwerken wieder für Gewässerorganismen durchgängig zu machen, die Wärmebelastung durch Kühltürme zu reduzieren. Dies ist die zweite Phase der Umweltvorsorge am Neckar. Die erste Phase begann in den 60er-Jahren durch den Bau von Kläranlagen. 1950 gab es gerade einmal 44 Kläranlagen – und diese nur mit mechanischen Reinigungsstufen. Heute befinden sich von den hochmodernen 1139 Kläranlagen 588 Anlagen im Einzugsgebiet des Neckars. Damit und ergänzt durch Renaturierungsprojekte entlang des Flusses kommen Umwelt- und damit auch Lebensqualität wieder an den Fluss zurück. Wirtschaft und Wohlstand sind nun kein Gegenpol mehr zu Natur und Kultur. So können die Neckartäler auch stolz darauf sein, in einer Region mit allerhöchster Wirtschaftskraft zu leben, in der viele Weltfirmen ebenso wie leistungsstarke Zulieferer und viele mittelständische Gewerbebetriebe zu Hause sind.

Geballte Wirtschaftskraft

Gleich drei große Wirtschaftsregionen sind entlang des Neckars entstanden. So die europäische Metropolregion Stuttgart mit 5,2 Millionen Einwohnern, 2,5 Millionen Beschäftigten und einer Bevölkerungsdichte von 338 Einwohnern pro Quadratkilometer. Dies bringt entsprechenden Druck für die Landschaft mit sich, weshalb die letzten Freiräume von Behörden wie Verbänden vehement verteidigt werden. Auf der anderen Seite beträgt das Bruttoinlandsprodukt dieser Region jährlich rund 195 Milliarden Euro. Teil dieser europäischen Metropolregion ist auch die Wirtschaftsregion Heilbronn-Franken mit rund 670 000 Einwohnern. Die dritte große Wirtschaftsregion, die den Neckarverlauf berührt und beeinflusst, ist die Metropolregion Rhein-Neckar, an der die Bundesländer Baden-Württemberg, Hessen und Rheinland-Pfalz beteiligt sind. Mit rund 2,3 Millionen Einwohnern, einer Bevölkerungsdichte von 418 Ein-

Die Mannheimer Neckarbrücke im Jahr 1890.

wohnern pro Quadratkilometer und einem Bruttoinlandsprodukt von 80,5 Milliarden Euro ist diese Region ebenfalls einer der ganz großen ökonomischen Player im internationalen Verbund der Wirtschaftsregionen. Die Wirtschaftskraft ist nicht nur auf Innovationen von Wissenschaftlern und Firmen sowie risikobereiten Unternehmern zurückzuführen, sondern auch das Ergebnis leistungsbereiter Menschen, die sich überall im Neckarland täglich aufs Neue den Herausforderungen des Wettbewerbs stellen. Menschen, die sich trotz der Kleinräumigkeit ihrer angestammten oder selbst gewählten Heimat nicht nur in Sachen Export von Wirtschaftsgütern schon immer weltoffen zeigten. Galt es nach dem Zweiten Weltkrieg Heimatvertriebene aufzunehmen, Wohnen und Arbeiten zu ermöglichen, so waren es ab den 50er- und 60er-Jahren des letzten Jahrhunderts die damals so genannten Gastarbeiter aus den Mittelmeerländern Italien, Spanien, Portugal, dem ehemaligen Jugoslawien, Griechenland und später der Türkei, die ob der Armut in ihren Heimatregionen einer besseren Zukunft wegen hierherkamen. Einwanderer, die zum großen Teil nicht mehr in ihre Ursprungsländer zurückwollten und deren Nachkommen erster, zweiter und dritter Generation entlang des Neckars heute vielfach Alemannisch, Schwäbisch oder Kurpfälzisch sprechen und längst integriert sind. Ein Drittel der registrierten Ausländer in Baden-Württemberg lebt in der Region Stuttgart; der Anteil von Bewohnern mit Migrationshintergrund ist weit größer. Über 40 Prozent der Stuttgarter etwa haben Migrationshintergrund; in der Landeshauptstadt leben Menschen aus 180 Nationen; in Mannheim, der Stadt mit ihren bekannten 144 Quadraten, leben Einwanderer aus 150 Nationen. Die meisten davon längst integriert und akzeptiert. Das zeigt sich nicht zuletzt an den vielen Festen, die rund ums Jahr überall entlang des Neckars – oft seit Jahrhunderten – gefeiert werden. Feste, bei denen Neubürger und ehemalige Ausländer in Vereinen, mit Ständen oder als Besucher mitwirken. Feste feiern kann man unbeschwert überall dort, wo es den Menschen gut geht, wo die Wirtschaft brummt. Und so ist es kein Wunder, dass die Menschen wie noch nie zu großen und kleinen Festen strömen, kulturelle Traditionen pflegen, neue begründen und schlichtweg das Leben genießen. Ob schwäbisch-alemannische Fasnet, etwa mit dem Rottweiler Narrensprung, den Ritterspielen von Horb, Esslinger und Stuttgarter Weihnachtsmarkt, der Cannstatter Wasen als zweitgrößtes Volksfest der Welt, das Heilbronner Weindorf und der Mannheimer Maimarkt: An den Festen, Feiern und Messen zeigt sich im Großen wie im Kleinen, im Traditionellen wie im Neuerfundenen, dass es den Menschen entlang des Neckars gut geht. Und mitten drin: der Neckar, der einst wilde Kerl, dessen träge gewordene Wasser wie seit Jahrtausenden vom Schwarzwald dem Rhein zufließen.

Badevergnügen in früheren Zeiten. Das Inselbad in Stuttgart-Untertürkheim im Jahr 1924.

Zur Beseitigung von Trümmerschutt aus dem Zweiten Weltkrieg durch die Stuttgarter Straßenbahnen erfolgten 1947 Aufschüttungen am Neckar.

Industriezone, Museums-, Sport- und Veranstaltungsgelände und vieles mehr: Das Neckartal zwischen Esslingen und Stuttgart-Mühlhausen muss vielerlei Funktionen erfüllen. Das Luftbild zeigt das Neckargelände während des Cannstatter Volksfestes mit Landwirtschaftlichem Hauptfest auf dem Wasen.

Menschen suchen die Nähe zum Fluss – und wenn es auf einem künstlich aufgeschütteten Strand ist wie hier bei Stuttgart-Bad Cannstatt.

Neckarschlaufe bei Lauffen; im Hintergrund das Kernkraftwerk Neckarwestheim.
Wie der Atommeiler in Obrigheim werden die beiden Kraftwerksblöcke abgeschaltet und zurückgebaut.

Blick von Weinsberg zum Neckartal in Heilbronn, im Hintergrund das EnBW-Kraftwerk.

Dicht besiedelt: Besigheim (im Vordergrund), Walheim, Gemmrigheim und Kirchheim am Neckar aus der Vogelperspektive.

Futuristisch! Das Hundertwasserhaus in Plochingen.

Orientalisch angehaucht präsentiert sich die mit Terrakottaelementen im maurischen Stil verzierte Umfassungsmauer des Zoologisch-Botanischen Gartens Wilhelma.

Wirtschaft,
Wasser und
Wein prägen
die Unterland-
metropole
Heilbronn.

Schön anzusehen, aber gefährlich für die heimische Natur. Das indische Springkraut hat viele Fließgewässer erobert und heimische Pflanzengesellschaften verdrängt.

Mit dem Paddelboot der Natur auf der Spur: Jugendliche am neu gestalteten Neckarufer bei Ludwigsburg-Hoheneck.

Menschen am Neckar

Jennifer Honnef und Nicole Olma führen als »Pink Ladies« einen Diner in Esslingen-Zell.

Andreas Kroll, als Geschäftsführer der Veranstaltungsgesellschaft »in.Stuttgart« unter anderem für den Cannstatter Wasen, die Hanns-Martin-Schleyer-Halle und die Porsche-Arena verantwortlich, engagiert sich in seiner Freizeit bei Pflegearbeiten im Naturreservat Neckarparadies.

Die Sängerin Joy Fleming hat mit ihrem Neckarbrücken-Blues dem Fluss und ihrer Heimatstadt Mannheim ein gesangliches Denkmal gesetzt.

Wasenkönig: Hans-Peter Grandl bewirtet als Festwirt in Grandls Hofbräu Zelt und als Gastronom in der Hanns-Martin-Schleyer-Halle sowie der Porsche-Arena jährlich viele Tausend Menschen mit seinem Team.

Ulrike Hagenbuch, Leiterin des SWR-Studios Heilbronn, berichtet mit ihrem Team auf vielfache Weise über Wirtschaft, Kultur und Natur aus der Region Heilbronn-Franken. Hier im Gespräch mit Patricia Mayer, der Juniorchefin des »Inselhotels« in Heilbronn.

Kunst auf der Stadtmauer. »Flossenmann« der Künstlerin Rosalie in Besigheim.

Kriechendes Reptil auf einem Muschelkalkstein. Zauneidechsen besiedeln manche Uferstreifen, wenn die Natur nicht noch mehr eingezwängt wird.

Anhang

Neckarwissen – kompakt

Wasser und Wald, Wiesen und Weinberge, Wirtschaft und viele Wegeverbindungen prägen heute das Neckartal – ein Flusstal mit langer Geschichte, geprägt durch vielfältige Ereignisse und Entwicklungen, die zusammengenommen einige Buchbände füllen würden. Weil Landschaft – ob aus natürlichen Gegebenheiten oder wegen des Einflusses der Menschen – immer Veränderungen unterliegt und sich auch die Menschen – gerade hinsichtlich ihrer Einstellung zur Natur – verändern, sind nachstehend Daten und Fakten zur älteren und jüngeren Neckargeschichte zusammengetragen. Hinzu kommt eine Übersicht der wichtigsten Neckarzuflüsse. Schließlich ist der Neckar, vom Ursprung des Flusses abgesehen, das Ergebnis vieler anderer Quellen, Bäche und Zuflüsse seines Einzugsgebietes.

Allgemeine Daten

Ursprung des Namens aus dem Keltischen	»Der Unbezähmbare« oder »Der Wilde«, »Wilder Kerl«, wahrscheinlich wegen der extremen Hochwasserereignisse
Neckarursprung	»Schwenninger Moos« (706 m ü. NN) Villingen-Schwenningen
Neckarmündung	Mannheim, Mündung in den Rhein (85 m ü. NN)
Einzugsgebiet	13 985 km^2
Gesamtlänge	367 km / Luftlinie 165 km
Größere Zuflüsse	18
Verlauf	98 Prozent auf Baden-Württembergischem Gebiet; Rest: Hessen
Fahrrinnentiefe	Mind. 2,80 m (gesamter schiffbarer Verlauf)
Staustufen	27
Staustufen mit Wasserkraftwerken	26
Leistung der Bundeswasserstraße	402,2 MW
Erwärmung durch Wärmekraftwerke zwischen Deizisau und Mannheim	2,5 °C bis 3 °C (zeit- und streckenweise auch höher)
Höhenüberwindung der Staustufen	161 m
Geringste Stauhöhe	2,61 m (Heidelberg)
Höchste Stufe in Abhängigkeit von Rhein-Wasserständen	10 m (Mannheim-Feudenheim)
Gütertransport pro Jahr	Über 10 Millionen Tonnen
Kläranlagen im Einzugsgebiet Neckar	588 für 11 Millionen Einwohner (1139 Anlagen in Baden-Württemberg)
Gemeinden am Neckar	72
Gemeinden im Einzugsgebiet	483
Stadt- und Landkreise am Neckar	14
Stadt- und Landkreise im Einzugsgebiet	29

Geschichtliche Entwicklung der Schifffahrt

Auf frühe Besiedlung durch Jäger und Sammler deuten Funde des Homo heidelbergensis (rund 600 000 Jahre v. Chr.) und des Homo steinheimensis (ca. 250 000 Jahre v. Chr.) hin. Fast überall entlang des Neckars finden sich Spuren jungsteinzeitlicher Siedlungen (3000–1800 v. Chr.), und auch aus der Bronzezeit und der Eisenzeit sind vielerlei Zeugnisse vorhanden. Rund 70 Jahre lang, von ca. 74 n. Chr. bis zum Jahr 150 n. Chr., bildeten Teile des Neckarlaufes zwischen Rottenburg und Bad Wimpfen und in der Verlängerung bis Mainz die nordöstliche Grenze des Römischen Reiches (Neckar-Odenwald-Limes).

Römische Zeit	Erste Ansätze, den Neckar für die Schifffahrt zu nutzen
Um 1553	Erste konkrete Pläne, den Fluss schiffbar zu machen
1713/1714	Tägliche Schiffsverbindungen zwischen Cannstatt-Berg und Heilbronn
1878	Eröffnung der Kettenschleppschifffahrt zwischen Mannheim und Heilbronn
Um 1900	Durch die intensive Wasserkraftnutzung und die »Verbannung« des Flusses wird die Neckarflößerei oberhalb der Enzmündung eingestellt
1919	Der Neckar wird Reichswasserstraße
1921	Unterzeichnung des Neckar-Donau-Staatsvertrages zwischen dem Deutschen Reich, Baden, Hessen und Württemberg »zum Bau der Neckar-Donau-Wasserstraße und zur Ausnutzung der sich hierbei ergebenden Wasserkräfte«
1935	Die Schifffahrtsstrecke Mannheim–Heilbronn wird eröffnet (113 km)
Bis 1945	Die Ausbaumaßnahmen zur Schifffahrtsstraße kommen durch den Zweiten Weltkrieg zum Erliegen. Die Neckarnatur kann sich erholen. Noch sind viele Storchennester in den Neckargemeinden besetzt
1949	Wiederaufnahme der Kanalbauarbeiten auf der Strecke Heilbronn–Stuttgart–Untertürkheim

1954/55	Die Storchennester auf den Kirchen der Neckargemeinden bleiben unbesetzt. Der Landschaftswandel hat die Lebensgrundlagen des Weißstorches und vieler anderer Arten zerstört
1958	Der Hafen Stuttgart wird erreicht (188 km schiffbar)
1968	Eröffnung des Hafens Plochingen (201 km schiffbar). Ende des Ausbaus

Ökologische Fakten: Gewässergüteverbesserung

Zwischen Tübingen und Stuttgart im Jahre 1978	Sehr stark verschmutzt bis übermäßig verschmutzt (Klasse 3–5)
Zwischen Tübingen und Stuttgart im Jahre 2015	Mäßig bis kritisch belastet (Klasse 2–3)

Ökologische Fakten: Hochwasser

1778	Verheerendstes Hochwasser am oberen Lauf
1824	Verheerendstes Hochwasser im Mittellauf
1978	Maihochwasser gesamter Lauf
1993	Gesamter Lauf

Ökologische Fakten: Fischarten

Ca. 41 (12 dominierende Arten: Brachse, Döbel, Rotauge, Laube, Giebel, Gründling, Karpfen, Zander, Hecht, Flussbarsch, Aal, Schleie)

Ökologische Fakten: Schutzgebiete

30 Flussstrecken, Altwasser, Gleit- und Prallhänge, Erosionssteilhänge

Ökologische Fakten: morphologischer Zustand

Zwischen Freiberg am Neckar und Pleidelsheim mit Ingersheim sowie Lauffen gibt es die einzigen noch weitgehend naturnahen Abschnitte des Neckars. Ungefähr ein Viertel des Gesamtlaufes ist beeinträchtigt, der Rest naturfern.

1996/97	Ideenkonzept des Verbandes Region Stuttgart für einen Landschaftspark Neckar
1996	Landschaftsentwicklungsprojekt »Lebendiger Neckar« des Nachbarschaftsverbandes Heidelberg-Mannheim
1998	Flutung »Neckarparadies« bei Benningen
1999	Integrierende Konzeption Neckareinzugsgebiet (IKoNE). Start eines gesamtwasserwirtschaftlichen Handlungsrahmens, der die Aktivitäten aller Beteiligten – vom Land über die Kommunen bis zum einzelnen Bürger – bewerten, integrieren und koordinieren soll
2004	Neckar-Erlebnistal: Markierung des 400 Kilometer langen Wanderweges von der Neckarquelle bis zur Mündung in Mannheim durch den Schwäbischen Albverein
2005	Eröffnung Internet-Plattform zum Neckar: www.landschaftspark-neckar.de
2007	Renaturierung Erblehensee bei Wernau
2007	Gründung der Aktionsplattform »Unser Neckar« durch das Umweltministerium Baden-Württemberg
2012	Flutung der Renaturierungsfläche (ca. 18 Hektar) »Zugwiesen« bei Ludwigsburg-Poppenweiler

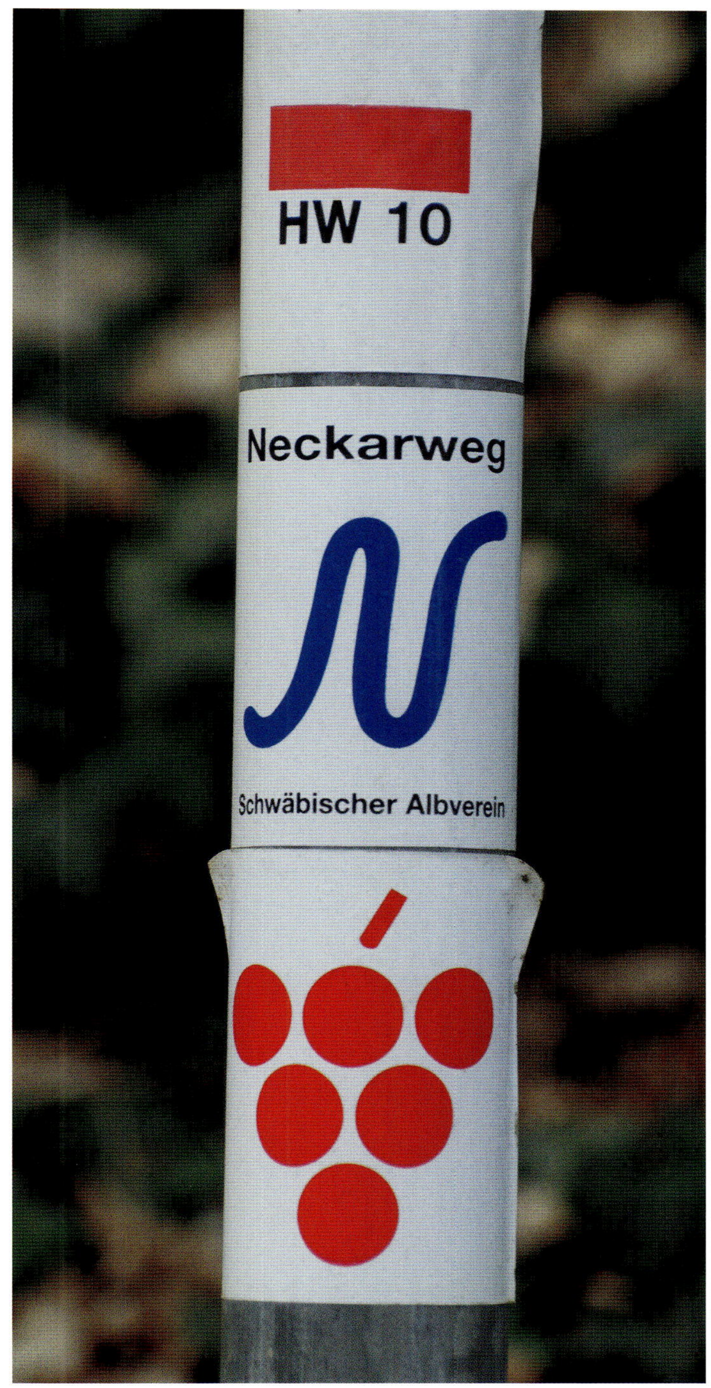

Die wichtigsten Nebenflüsse des Neckars

Nebenflüsse mit mehr als 50 Kilometer Länge

Eyach (rechter Zufluss, Mündung bei Eutingen im Gäu, 50,4 km)
Fils (rechter Zufluss, Mündung bei Plochingen, 62,8 km)
Rems (rechter Zufluss, Mündung bei Remseck, 78,4 km)
Murr (rechter Zufluss, Mündung bei Marbach, 51,5 km)
Enz (linker Zufluss, Mündung bei Besigheim, 105,5 km, mit Nagold 149 km)
Kocher (rechter Zufluss, Mündung bei Bad Friedrichshall-Kochendorf, 168,7 km)
Jagst (rechter Zufluss, Mündung bei Bad Friedrichshall-Jagstfeld, 190,2 km)
Elsenz (linker Zufluss, Mündung bei Neckargemünd, 53,4 km)

Geologie/Geografie

Nebenflüsse mit mehr als 20 Kilometer Länge

Eschach (linker Zufluss bei Rottweil-Bühlingen, 38,1 km)
Prim (rechter Zufluss bei Rottweil, 21,1 km)
Schlichem (rechter Zufluss bei Epfendorf, 34,4 km)
Glatt (linker Zufluss bei Horb-Neckarhausen, 34,2 km)
Eyach (rechter Zufluss bei Eutingen im Gäu, 50,4 km)
Starzel (rechter Zufluss bei Rottenburg-Bieringen, 42,8 km)
Steinlach (rechter Zufluss bei Tübingen, 25,1 km)
Ammer (linker Zufluss bei Tübingen-Lustnau, 22,5 km)
Echaz (rechter Zufluss bei Kirchentellinsfurt, 22,8 km)
Erms (rechter Zufluss bei Neckartenzlingen, 32,7 km)
Aich (linker Zufluss bei Nürtingen-Oberensingen, 30,4 km)
Lauter (rechter Zufluss bei Wendlingen, 25,7 km)
Fils (rechter Zufluss bei Plochingen, 62,8 km)
Körsch (linker Zufluss westlich von Deizisau, 26,3 km)
Rems (rechter Zufluss bei Remseck, 78,4 km)
Murr (rechter Zufluss bei Marbach, 51,5 km)
Enz (linker Zufluss bei Besigheim, 105,5 km)
Zaber (linker Zufluss bei Lauffen, 22,4 km)
Schozach (rechter Zufluss bei Heilbronn-Sontheim, 25,6 km)
Lein (linker Zufluss bei Heilbronn-Neckargartach, 27,3 km)
Sulm (rechter Zufluss bei Neckarsulm, 26,2 km)
Kocher (rechter Zufluss bei Bad Friedrichshall-Kochendorf, 168,7 km)
Jagst (rechter Zufluss bei Bad Friedrichshall-Jagstfeld, 190,2 km)
Elz (rechter Zufluss bei Mosbach-Neckarelz, 39,8 km)
Itter (rechter Zufluss in Eberbach, 28,0 km)
Laxbach (rechter Zufluss bei Hirschhorn, 30,0 km mit längstem Oberlauf)
Steinach (rechter Zufluss bei Neckarsteinach, 21,9 km)
Elsenz (linker Zufluss bei Neckargemünd, 53,4 km)

Der heutige Neckar ist das Ergebnis eines schon seit Langem andauernden »Kampfes« zwischen dem Gewässersystem des Rheins einerseits und der Donau andererseits. Durch rückschreitende Erosion hat das Rheinische System (auch »mit Hilfe« des Neckars) dem Donau-Gewässernetz immer mehr Wasser abgegraben.

Der Fluss durchquert mit seinem südlichen und teilweise mittleren Verlauf Keupergestein und verläuft hauptsächlich im Muschelkalk; begleitet im Norden von seitlich anstehenden Schichten des Buntsandsteins (Odenwald).

Öffentliche und private Institutionen im Einsatz für den Neckar

Neben den Ministerien, Regierungspräsidien, Landkreisen, Städten und Gemeinden gibt es eine Vielzahl öffentlicher sowie privat getragener Institutionen und Initiativen, die sich für den Neckar und die Neckarlandschaft in unterschiedlicher Weise engagieren. Hier eine kleine Auswahl der wichtigsten:

Akademie für Natur- und Umweltschutz Baden-Württemberg, Stuttgart:
www.umweltakademie.baden-wuerttemberg.de
Amt für Neckarausbau Heidelberg, Heidelberg:
www.anh.wsv.de
Angel- und Naturschutzverein Weitingen, Horb-Mühringen:
www.anv-weitingen.de
Badischer-Sportfischer Verband e. V., Mannheim:
www.bsfv.de
Bund für Umwelt und Naturschutz Deutschland (BUND),
Landesverband Baden-Württemberg, Stuttgart:
www.bund.net
Bundesanstalt für Wasserbau, Karlsruhe:
www.baw.de
Büro am Fluss e. V., Plochingen:
www.lebendiger-neckar.de
EnBW Kraftwerke AG, Stuttgart:
www.enbw.com
Geo-Naturpark Bergstraße-Odenwald, Lorsch:
www.geo-naturpark.net
Hafen Stuttgart GmbH, Stuttgart:
www.hafen.stuttgart.de
Heilbronner Hafen, Heilbronn:
www.heilbronn.de
Klassenzimmer am See, Stuttgart:
www.sonntag.tv
Landesfischereiverband Baden-Württemberg e. V., Stuttgart:
www.lfvbw.de
Landesfischereiverband Baden, Freiburg:
www.lfvbaden.de
Landesnaturschutzverband Baden-Württemberg, Stuttgart:
www.lnv-bw.de
Landesverband Motorbootsport Baden-Württemberg, Stuttgart:
www.lvm-bw.de
Ministerium für Umwelt, Klima und Energiewirtschaft Baden-Württemberg, Stuttgart:
www.um.baden-wuerttemberg.de
Naturpark Neckartal-Odenwald, Eberbach:
www.naturpark-neckartal-odenwald.de
Naturschutzbund Deutschland (NABU), Landesverband Baden-Württemberg, Stuttgart:
www.nabu.de
Nachbarschaftsverband Heidelberg-Mannheim, Mannheim:
www.nv-hd-ma.de
NatureLife-International, Ludwigsburg:
www.naturlife-international.org
Neckarhafen Plochingen GmbH, Plochingen:
www.neckarhafen-plochingen.de
Odenwaldklub e. V., Bensheim:
www.odenwaldklub.de
Regionalverband Heilbronn-Franken, Heilbronn:
www.regionalverband-heilbronn-franken.de
Regionalverband Neckar-Alb, Mössingen:
www.regionalverband-neckar-alb.de
Regionalverband Schwarzwald-Heuberg, Villingen-Schwenningen:
www.regionalverband-sbh.de
Rhein-Neckar-Hafengesellschaft Mannheim mbH, Mannheim:
www.hafen-mannheim.de

Schwäbischer Albverein, Stuttgart:
www.albverein.net
Stiftung Energie & Klimaschutz Baden-Württemberg, Karlsruhe:
www.energieundklimaschutzBW.de
Tourismus Marketing GmbH Bad.-Württ., Stuttgart:
www.toeurismus-bw.de
Touristikgemeinschaft Hohenlohe e.V., Künzelsau:
www.hohenlohe.de
Touristikgemeinschaft Kurpfalz e.V., Plankstadt:
www.kurpfalz-tourist.de
Touristikgemeinschaft Odenwald e.V., Odenwald:
www.tg-odenwald.de
Verband für Fischerei u. Gewässerschutz BW e.V., Stuttgart:
www.vfg-bw.org
Verband Region Rhein-Neckar, Mannheim:
www.m-r-n.com
Verband Region Stuttgart, Stuttgart:
www.region-stuttgart.org
Verein Neckar-Erlebnis-Tal, Stadt Horb, Horb:
www.horb.de
Wanderverband Hessen, Heppenheim:
www.wanderverband-hessen.de
Wasser- und Schifffahrtsamt Heidelberg, Heidelberg:
www.wsa-heidelberg.wsv.de
Wasser- und Schifffahrtsamt, Stuttgart, Stuttgart:
www.wsa-s.wsv.de
Wasser- und Schifffahrtsdirektion Südwest, Mainz:
www.ast-suedwest.gdws.wsv.de
Wasserschutzpolizei, Heilbronn-Neckargartach:
www.wasserschutzpolizei.de
WBW-Fortbildungsgesellschaft für Gewässerentwicklung mbH, Karlsruhe:
www.wbw-fortbildung.net

Erlebnis Neckar: mit dem Fahrrad, zu Fuß oder mit dem Schiff

Es gibt viele Wege, den Neckar und die Neckarlandschaft zu erkunden. Ob mit dem Fahrrad, beim Wandern oder bei einer Schifffahrt. Seit der Jahrtausendwende wurden viele Wegeverbindungen ausgeschildert, ergänzt und vernetzt, Radwege geschaffen und überörtliche Verbindungen hergestellt. Während der Sommermonate laden die Schiffsbetriebe auf verschiedenen Strecken zu Ausflügen ein.

Neckartal-Radweg

Fast immer steigungsfrei und insgesamt stetig bergab führt der Neckartal-Radweg vom Neckarursprung bei Villingen-Schwenningen bis ins romantische Heidelberg. So ist dieser rund 350 Kilometer lange Radfernweg auch für Radanfänger und Familien mit Kindern geeignet.

Er ist ein kleines Bächlein, das unterwegs zum breiten, von Schiffen genutzten Verkehrsweg wird. Er fließt an Burgen und Schlössern, an Wäldern und steilen Weinbergen, an großen Städten und Industriehäfen vorbei. Wer von der Quelle bei Schwenningen bis zur Mündung in den Rhein bei Mannheim radelt, erlebt die unterschiedlichsten Seiten des Neckars. Und dazu zahlreiche hübsche Orte mit verwinkelten Gassen und herausgeputzten Fachwerkhäusern.

Die Tour beginnt am Quellstein des Flusses, der aus dem Hochmoor im Naturschutzgebiet Schwenninger Moos gespeist wird, und die ersten Kilometer begleitet man einen schmalen Bach. Erst ab Rottweil gewinnt der Neckar an Umfang und fließt Richtung Norden in einem Tal, das zwischen den Höhen der Schwäbischen Alb und des Schwarzwaldes liegt. Interessante Städte wie Tübingen, Esslingen, Stuttgart, Ludwigsburg und Heilbronn bieten sich für Besichtigungen an. Unterwegs wechseln sich weite Auen und enge Täler ab, und wenn man Plochingen erreicht hat, begleiten auch Schiffe die Fahrt. Immer wieder hat man beim Radfahren Weinberge im Blick. Ab Bad Wimpfen führt der Radweg in den Odenwald hinein; viele Burgen und Schlösser säumen dann den Weg. Natürlich kann man diese Tour auch genau in umgekehrter Richtung machen. Vielerorts gibt es Pensionen und kleine Hotels, die auf Radwanderer eingestellt sind, sowie zahlreiche Biergärten und Gasthäuser.

Wanderwege entlang des Neckars

Entlang des Neckars gibt es verschiedene kürzere und längere Wanderwege und Strecken, die in überörtliche – dann vom Neckar wegführende, aber nicht minder spannende – Wanderwegenetze eingebaut sind.

Einer der wichtigsten umfassenderen Wanderwege ist der Neckarweg. Er führt vom Ursprung des Neckars im Schwenninger Moos bis nach Mannheim und wurde einerseits vom Schwäbischen Albverein und für den Abschnitt Gundelsheim bis zur Mündung des Neckars vom Odenwaldklub konzipiert:
www.wege.albverein.net
www.odenwaldklub.de

Weitere Wanderwege

Geschichts- und Naturlehrpfad beim Schwenninger Moos (10,3 km):
www.tourismus.info/Media/Touren/Auf-dem-Geschichts-und-Naturlehrpfad-zum-Schwenninger-Moos
Wanderung im und am Neckartal bei Horb (17 km):
www.horb.de/de/Freizeit+Tourismus/Freizeit+Sport/Wandern-und-Walking
Stuttgarter Weinwanderwege (rund 48 km, aufgeteilt in 6 kürzere Strecken):
www.stuttgart-touristik.de
Themenweg Neckar, Ludwigsburg und Remseck (ca. 7 km):
www.ludwigsburg-neckar.de/Lde/start/Themenweg+Neckar.html
Wanderweg »Neckar, Wein und Felsengärten« zwischen Besigheim und Hessigheim (15 km):
www.outdooractive.com/de/wanderung/stuttgart-und-umgebung/neckar-wein-und-felsengaerten/1398104
Wanderweg »6 Burgen am Neckar«, Neckarsteinach, Neckargemünd, Dilsberg (14,5 km):
www.outdooractive.com/de/wanderung/bergstrasse/6-burgen-am-neckar/103420589
Wanderweg von Neckarsteinach zur Burg Hirschhorn (15,6 km):
www.outdooractive.com/de/wanderung/bergstrasse/von-neckarsteinach-zur-burg-hirschhorn/1531963
Neckarsteig zwischen Bad Wimpfen und Heidelberg (127 km):
www.neckarsteig.de

Neckartouren mit dem Schiff

Neckar-Käpt'n: Schifffahrt: www.neckar-kaeptn.de
Linienfahrten, Erlebnisfahrten, Charterfahrten auf dem Neckar zwischen Stuttgart und Besigheim
Personenschifffahrt Stumpf GmbH & Co.KG: www.schifftours-heilbronn.de
Schiffstouren und Sonderfahrten zwischen Heilbronn und Heidelberg sowie Besigheim und Hessigheim
Eberbacher PersonenSchifffahrt: www.eps-kappes.de
Schleusen- und andere Rundfahrten, Sonderfahrten
Weiße Flotte Heidelberg: www.weisse-flotte-heidelberg.de
Heidelberg-Rundfahrten, Burgenfahrten, Sonderfahrten

Die Partner

Landesmedienzentrum Baden-Württemberg (LMZ)

Das landeskundliche Fotoarchiv des Landesmedienzentrums Baden-Württemberg (LMZ) umfasst landeskundliche und kulturgeschichtliche Fotografien mit Bezug zu Baden-Württemberg und seinen Vorläufern. Früheste Bilder entstanden Mitte des 19. Jahrhunderts, der größte Teil in der Nachkriegszeit. Die Fotos stammen von renommierten Fotografinnen und Fotografen des LMZ sowie Externen. Das Fotoarchiv verfügt über einen Bestand von rund 1 Million Vorlagen und Originalen. Ein wichtiger Teil der Bilddokumentation ist auch die inhaltliche Erschließung der Fotografien für den schulischen Einsatz, die Lehrerinnen und Lehrern in BW auf dem Server für schulische Arbeit mit Medien (SESAM) kostenfrei zur Verfügung stehen.

Landesmedienzentrum Baden-Württemberg
Standort Stuttgart
Kontakt: www.lmz-bw.de

NatureLife-International – Stiftung für Umwelt, Bildung und Nachhaltigkeit

»Der gebildete Mensch macht sich die Natur zu seinem Freund.«
(Friedrich Schiller)

Nach diesem Motto setzt sich NatureLife-International mit konkreten Modellprojekten für die Verknüpfung von Naturbewahrung, Umweltvorsorge und Nachhaltigkeit ein. Ziel von NatureLife-International ist es, für Umwelt, Bildung und Nachhaltigkeit Partner aus den verschiedenen gesellschaftlichen Bereichen zusammenzubringen, um Lösungen drängender Umweltprobleme zu erarbeiten, den Wissenschaftsdialog und die Bildung zu fördern und im Rahmen konkreter Projekte umzusetzen. Zu den Initiativen von NatureLife-International gehören unter anderem die Renaturierung von Lebensraum sowie die Einrichtung von Natur-Erlebniswelten mit digital gestützten Erlebnispfaden, die Förderung von Nachwuchswissenschaftlern sowie die Erarbeitung und Herausgabe von Lehr- und Informationsmaterialien. Ein besonderer Schwerpunkt ist der Klimaschutz, für den sich die Stiftung mit ihrer Klimaschutzinitiative GlobeClimate einsetzt, die Möglichkeiten zur CO_2-Kompensation anbietet. (www.globeclimate.com)

NatureLife-International –
Stiftung für Umwelt, Bildung und Nachhaltigkeit
71 638 Ludwigsburg
Kontakt: www.naturelife-international.org

Der Autor

Claus-Peter Hutter, geboren 1955 in der Schillerstadt Marbach am Neckar, ist ein echtes Kind des Neckarlandes. Seit frühester Jugend engagiert er sich für Natur, Umwelt und Kultur seiner Heimat. Er ist Mitbegründer einer der ersten Umwelt-Bürgerinitiativen, mit der er in den 70er-Jahren den letzten verbliebenen größeren Altneckararm vor der Zerstörung bewahrte. 1995 realisierte er das erste große Projekt zur Schaffung neuer Lebensräume an dem von der Industrialisierung geprägten Fluss. Sein besonderes Anliegen gilt neben der Biotopvernetzung und der Schaffung neuer Lebensräume der Bewahrung der imposanten Weinbauterrassen mit ihren beeindruckenden Natursteinmauern. Claus-Peter Hutter ist Präsident der Umweltstiftung NaturLife-International und leitet hauptberuflich die Umweltakademie des Landes Baden-Württemberg.

Dank

Allen Persönlichkeiten und Institutionen, die das Buchprojekt »Der Neckar« mit Informationen, Ratschlägen, Fotografien und vielfachem Dialog unterstützt und ermöglicht haben, gilt besonderer Dank. Großer Dank für Information und Kooperation gilt dem Landesmedienzentrum Baden-Württemberg mit Marcus Bugbee und Cornelia Semper-Serafin sowie dem Team der Bildredaktion mit Eva Grubmiller und Martina Neher. Dank gilt allen Bildautoren und Archiven sowie den folgenden Personen: Axel Blochwitz (Stadt Horb am Neckar), Walter Braun (Leiter des Wasser- und Schifffahrtsamtes Stuttgart), Dr. Jörg Dörfel (Geschäftsführer der UEV der Südwestdeutschen Salzwerke AG, Heilbronn), Harald Dold (Vorsitzender des Angel- und Naturschutzverein Weitingen e.V.), Dr. Rainer Haas (Landrat des Landkreises Ludwigsburg), Thomas Hagenauer (Redaktionsleiter Aktuelles/Magazine/Frühsendung SWR Tübingen), Ulrike Hagenbuch (Leiterin des SWR Studios Heilbronn), Gundel Kilian (Archiv Hannes Kilian, Wäschenbeuren), Thomas Kiwitt (Leitender technischer Direktor des Verband Region Stuttgart), Dr. Helmut Klepser (Tübingen), Ingrid und Prof. Dr. Claus König (Ludwigsburg-Neckarweihingen), Dr. Wolfgang Kuhn (Geschäftsführer der Südwestbank in Stuttgart), Werner Kuhnle (Freier Fotograf, Freiberg am Neckar), Klaus Mandel (Direktor Regionalverband Heilbronn/Franken), Achim Mayer (Inhaber Konzept Boutique, Stuttgart), Peter Schiele (Vorsitzender des Verband für Fischerei und Gewässerschutz im Kreis Ludwigsburg), Dr. Thomas Schnabel (Leiter des Hauses der Geschichte, Stuttgart), Dr. Michael Schramm (Verband für Fischerei und Gewässerschutz Baden-Württemberg, Stuttgart), Frank Welzel (Geschäftsführer agencyteam, Stuttgart), Reinhard Wolf (Stv. Präsident des Schwäbischen Albvereins, Marbach am Neckar).

Für vielfache Zusammenarbeit gilt herzlicher Dank Martina Ackermann, Stephanie Gerrish, Monika Haag, Yvonne Hoffmann, Nicole Janke, Stefanie Rahnfeld, Marion Rapp, Daniela Scherer sowie Verleger Hejo Emons und Programmleiter Rüdiger Müller vom Emons Verlag.

Bildnachweis

Abbildung Titelseite: Herbststimmung am Neckar © mauritius images/Alamy
Abbildung Frontispiz: Heute sind wieder überall entlang des Neckars Graureiher zu sehen. Um 1970 gab es gerade noch ein Dutzend Exemplare. Foto: Claus-Peter Hutter
Abbildung vordere Umschlagklappe: Das Denkmal »Der gebändigte Neckar« an der Neckarschleuse Besigheim. Foto: Claus-Peter Hutter

ahg-images, 207 • **Archiv Landesmedienzentrum Baden-Württemberg, Stuttgart,** Bestand LMZ-BW: 14, 25, 66–67, 88, 89, 148, 171, 190, 191, 192, 206 (links), 206 (rechts), 208 (oben) • Bothner, Robert: 51, 120, 121, 122, 149, 193, 212, 214, 215 Friedrich, Ina: 36–37, 45 • Grenzemann, Sven: 49, 59, 170 • Hell, Helmut: 46 • Hofbauer, Andrea: 178 • Rachele, Andrea: 76, 79, 156–157, 213 • Spaeth, Eberhard: 58, 69, 77 • Weischer, Armin: 22–23, 34, 50, 70, 90–91, 128, 177, 200, 205 • **Archiv Haus der Geschichte Baden-Württemberg, Stuttgart,** Kilian, Hannes: 15 • Dold, Harald: 4–5, 17 • Ferrero, Ricarda: 116 • Griesenbach, Heinrich: 183 (oben) • Goepfert, Bianca: 75 • Grubmiller, Eva: 13, 16, 40 (unten), 60, 61, 96, 98–99, 129, 130–131, 137, 140, 143, 158, 211, 218–219, 224, 225, 230 (oben rechts) • Härdi, Rolf: 74 • Hell, Helmut: 46 • Hutter, Claus-Peter: 6–7, 10, 11, 17, 20 (oben und unten), 21, 24, 29, 30–31, 35, 38, 40 (rechts oben), 45, 48, 52, 53, 54, 55, 56–57, 62, 64, 68, 80 (oben), 82–83, 86, 87, 93, 94, 97, 100, 101, 102, 106, 107, 110 (links), 111 (oben rechts), 115, 117, 118, 119, 124, 126, 127, 132, 133, 134, 135, 136, 138 (rechts), 139 (links), 139 (rechts), 146, 147, 151, 153, 154, 164–165, 166–167, 169, 172, 173, 175, 179, 180, 181, 184–185, 187, 188, 194–195, 197, 198, 199, 201, 202–203, 204, 207 (unten), 208–209, 221, 228, 229, 232, 233, 235, 238 • König, Claus: 78, 85, 92, 95, 112–113, 144, 159 • König, Ingrid: 111 (oben links) • Kuhnle, Werner: 63, 80 (unten), 110 (rechts), 138 (links), 150, 160–161, 182 (oben rechts), 182 (unten), 189, 216–217, 222–223, 226–227 • Limbrunner, Alfred: 39, 103, 104–105, 108–109 • Marbach, Susanne: 183 (unten) • Mayer, Achim: 231 (oben) • Mauritius Images: 8–9 • Neher, Martina: 26, 27, 33, 40 (links oben), 41 (unten), 42–43, 65, 71, 81 (unten), 145, 152, 155, 168, 182 (oben links), 196, 220 • Picture alliance/dpa: 32, 72–73 (Ernst Wreba), 82–83 (euroluftbild.de/Gerhard Launer), 103 (F. Heder), 163, 207 • Rapp, Marion: 125 • Schwarz, Gabriela: 231 (unten) • Staatliches Museum für Naturkunde Stuttgart: 47 (oben) • Stiftung Christoph Sonntag: 111 (unten) • Verband für Fischerei- und Gewässerschutz Baden-Württemberg: 162 • Weller, Thomas: 174 • Welzel, Frank: 28, 41 (oben), 81 (oben), 230 (oben links) • Winkler, Jean–Claude: 18, 19

Entlang des Neckartalradweges gibt es immer wieder erstaunliche Begegnungen

Impressum

Bibliografische Information der deutschen Nationalbibliothek
Die deutsche Nationalbibliothek verzeichnet diese Publikation in der deutschen Nationalbibliografie. Detaillierte bibliografische Angaben sind im Internet über http://dnb.d-nb.de abrufbar.

Redaktion: Claus-Peter Hutter, Rüdiger Müller, Eva Grubmiller
Lektorat: Nicole Janke, Neuhausen auf den Fildern
Umschlaggestaltung und Layoutkonzept:
Weusthoff Noël kommunikation.design, Hamburg, Köln
Satz und Layout: Farnschläder & Mahlstedt, Hamburg
Bilddigitalisierung: Medienfabrik GmbH, Stuttgart
Druck und Bindung: Appl – aprinta druck, Wemding
Printed in Germany
ISBN 978-3-95451-733-6